U0807226

新时代下招商引资工作开展研究

童惠洲 ◎著

SPM 南方传媒 | 广东经济出版社
·广州·

图书在版编目（CIP）数据

新时代下招商引资工作开展研究 / 童惠洲著. -- 广州 : 广东经济出版社，2024.12. -- ISBN 978-7-5454-9540-9

Ⅰ. F832.6

中国国家版本馆 CIP 数据核字第 2024X86W39 号

责任编辑：刘亚平　李泽琳
责任校对：郝锦枝
责任技编：陆俊帆

新时代下招商引资工作开展研究
XINSHIDAI XIA ZHAOSHANG YINZI GONGZUO KAIZHAN YANJIU

出 版 人：刘卫平
出版发行：广东经济出版社（广州市水荫路 11 号 11 ～ 12 楼）
印　　刷：广州市豪威彩色印务有限公司
（广州市增城区宁西街新和南路 4 号一楼 106 房）

开　　本：889毫米 ×1230 毫米　1/32
印　　张：5.75
版　　次：2024 年 12 月第 1 版
印　　次：2024 年 12 月第 1 次
书　　号：ISBN 978-7-5454-9540-9
字　　数：127 千字
定　　价：59.00 元

发行电话：（020）87393830
广东经济出版社常年法律顾问：胡志海律师
如发现印装质量问题，请与本社联系，本社负责调换。
版权所有 • 侵权必究

序言

Preface

一说到招商引资，当下大家听得最多的词便是“内卷”，特别是新冠疫情过后，随着经济的逐渐复苏，一时间全国各地都开足马力，全力稳商招商，它们出台了各种优惠政策，服务下沉，机关、村、社区领导干部包干挂点全程服务企业，坚决稳住地方企业不外迁，保障地方企业不倒闭。同时，近年来，上海、深圳、广州、杭州等一线城市主动出击，频频在国内外开展招商推介洽谈活动，主动加入招商引资的洪流中。大城市的“内卷化”招商已如此激烈，更别说那些五、六、七、八线欠发达的边远地区了。这些地区面临拿不出特别吸引人的政策、没有特殊资源、没有区位优势等问题，甚至连基本的用工优势也逐渐被周边的一、二、三线城市“虹吸”走了。更严重的是，有些地方出现同质化竞争，衍生了多方面的问题，例如互挖墙脚、相互拆台等乱象，严重扰乱了招商市场秩序；盲目引进的新产业项目水土不服，难以在当地扎根成长，造成资源严重浪费；一旦盲目引进的项目失败，便会造成土地、厂房闲置，处置过程还会延误地方的发展。此外，部分地区盲目攀比优惠政策，秉持“你有我也有，你给我也给”的原则，出台各种优惠扶持政策，但部分政策并不具备实施条件，造成了较严重的政策负担。同时，一些企业主对招商引资乱象也颇有微词，他们认为一些地方政府为完成招商引资任务，采取了不切实际、无底线的补助补贴政策。而这些政策往往不能兑现，给企业带来了不必要的麻烦。个别企业为了收割地方优惠政策奖补，割地方奖补的“韭菜”，做大企业自身盘子，打着投资的幌子，引诱地方政府投入产业基金，使地方政府“招商引资”变为“招商投资”。优惠奖补到期后，有些企业只留下一个烂摊子，导致社会矛盾不断发酵，造成政府行政和土地资源浪费，使地方政府“招商引资”又变为“招商引灾”，严重影响地方可持续发展。

南雄市位于广东省东北部，属韶关管辖的县级市，被江西三面包围，是一个狭长形的盆地，总面积约2300平方千米，总人口约49万，常住人口约35万，2023年，完成地区生产总值135.9亿元，一般公共预算总收入57亿元左右。南雄市虽然属广东省，却是广东省一个较落后的地区。首先，该地离珠三角较远，平均车程为3.5小时左右，而周边县特别是比邻的江西信丰等县发展迅猛，周边县的物流交通等基础设施远胜一筹，便利程度远超南雄，相比之下，南雄市没有区位优势；其次，此地没有特殊资源优势，唯一的黄烟种植生产又被烟草专卖管控，发展不了第二产业；再次，这里经济发展欠发达，属“吃饭财政”，转移支付占比较大，地方拿不出很有吸引力的优惠政策来吸引外来投资。

全国可能有很多类似这样的无资源优势、无区位优势、无政策优势的地区，但是不是这些地方的人民就应该穷？是不是这些地方就不用开展招商引资、不用发展地方经济？答案是否定的。越是欠发达的地区越是要加大招商引资力度，尽管缺乏先天优势，但通过招商引资，有可能引入一些创新的产业项目或商业模式，为地区发展带来新的契机，打破发展瓶颈；吸引外部投资和企业入驻，能够激发当地的市场活力和竞争意识，促使本地企业提升自身能力，从而带动地区经济的内生增长，吸纳当地劳动力，降低失业率，提高居民收入，稳定社会经济秩序。引入的企业也可能带来新的技术和理念，促进当地产业的创新和升级，甚至有可能催生新的产业形态。为满足投资企业的需求，当地可能会加大对基础设施的投入和完善力度，从而改善地区整体的发展环境。成功的招商引资还能够改变外界对该地区的固有认知，提升该地区的知名度并树立良好形象，为地区未来的发展创造更有利的条件。

本书结合作者多年从事招商引资工作的经验和反思，针对什么是招商引资、如何开展招商引资、如何应对招商引资工作中遇到的困惑进行分析和提出对策及建议，对重大项目的招商服务进行反思并研判优化路径，对新时代下开展招商引资工作的新模式进行深入探索和研究。相信本书对欠发达地区和无区位优势、无特色资源、无特别吸引企业的政策的地区的招商引资工作会有一定的启示作用。

目录 Contents

第一章

招商引资相关理论基础

第一节 招商引资的由来和意义

招商引资源于中国因开放政策所成立的开发区，早期主要集中在吸收制造业的外国直接投资（FDI，Foreign Direct Investment）。

1978年，邓小平同志访问日本以及东南亚的一些国家，对他们充分利用外资进行经济发展的经验有着深刻的印象。他在一次讲话中说道："我到新加坡去，了解他们利用外资的一些情况。外国人在新加坡设厂，新加坡得到几个好处，一个是外资企业利润的35%要用来交税，这一部分国家得了；一个是劳务收入，工人得了；还有一个是带动了它的服务行业，这都是收入……我认为，现在研究财经问题，有一个立足点要放在充分利用、善于利用外资上，不利用太可惜了。"同年，国家计划委员会和外贸部组织的港澳经济贸易考察组回到北京后，向国务院提交了一份《港澳经济考察报告》。报告建议，把靠近香港和澳门的宝安和珠海划为出口基地，力争在3～5年内，将其建设成为对外生产基地、加工基地和吸引港澳客人的旅游区。同年，刚从西欧考察回来的谷牧副总理深感开放的重要性和紧迫性，自然对这个及时送上来的报告十分赞赏并决定大力推动。于是，该报告得到中央领导人的同意，并且领导人还鼓励把出口基地办起来。这个决定促使当时担任交通运输部驻香港的商业机构——香港招商局副董事长的袁庚产生了一个想法。

他在1979年元旦后向国务院副总理李先念递交了一份建议报告，主张在靠近香港的深圳蛇口建立一个码头，发展招商局与香港的贸易。他的理由很简单，香港的地价和劳动力价格较为高昂，如果能在蛇口建立一个与航运有关的工业区，既可以充分利用广东的土地和劳动力优势，又可以利用香港的资金（境外资金）和技术，岂不是一举两得。这个想法打动了当时的国务院领导，于是他们召见了袁庚。在听完汇报后，李先念决定给袁庚一个“半岛”去试验。袁庚先生后来回忆说，他当时“思想不够解放”，不敢要一个“半岛”，而只要了2.14平方千米。

1979年1月31日，中央决定成立蛇口工业区，将其作为经济改革的第一个试验区，由香港招商局负责集资并组织实施。如此，“蛇口工业区”挂牌成立了，它早于大名鼎鼎的深圳特区，于是才有了后来关于“蛇口模式”的说法。用袁庚先生的话说，“蛇口”是指“一根注入外来有益的经济因素、对传统式的经济体制进行改革的试管”。事实上，经济特区及后来整个中国都在推进的体制改革在很大程度上都与“蛇口模式”有联系，是从“蛇口模式”扩散出去的。

随后，沿海各开发区按“蛇口模式”逐步发展起来，这些开发区的招商引资工作所引起的地方经济总量增长、财政收入增长、就业人数增加、基础设施投入增加等示范效应也逐步被各地政府发现。中国各级政府也开始借鉴效仿，成立大量的开发区并开展招商引资工作。到20世纪90年代初，外资不再是招商引资的独有来源，内资开始在各地招商引资中崭露头角。自此，招商引资有了内资和外资两种类型并延续至今。

招商引资是指政府或企业为了吸引外部的资金、技术、人才等资源，采取一系列政策措施与活动，为潜在的投资者提供优惠条件和服务，争取投资者在本行政区域内开展包括直接投资和间接投资在内的各类投资活动，以促进本地区经济发展的过程，其目的是通过吸引外部资金、技术、人才等资源，最终实现地区经济繁荣、财政收入增加以及区域竞争力提高的发展目标。

招商引资既是地方经济发展的源头活水，也是经济增长的助推器。我国的对外开放政策也是从打开国门吸引外商投资开始的，且政策力度不断加大，规模和水平也在持续上升，招商引资也成为地方经济发展的核心工作。

招商引资对欠发达地区的经济社会发展具有重要的推动作用，是实现跨越式发展和脱贫致富的有效途径之一。地方政府通过引入外部资金和项目，能够直接扩大投资规模，带动相关产业的发展，从而推动地区生产总值的增长，增强地区经济实力；企业落地后，又可以为地方创造就业机会，有助于解决当地的就业问题，提高居民收入水平，减少贫困人口，促进社会稳定；企业在发展的过程中会不断推动产业升级改造，以此吸引具有先进技术和丰富管理经验的人才，以及上下游相关产业项目，从而优化地区的产业结构，促进传统产业的升级改造，培育新兴产业，提升产业的整体竞争力。同时，外来企业可能带来新的技术和创新理念，这能激发本地企业的创新活力，培养并留住更多的专业人才，提高地区的科技创新能力；投资项目建成投产后，还可以增加地方财政收入，从而使地方政府有更多的财力投入公共基础设施建设、提供公共服务和改善民生，有助于加强欠发达地区与发达地区的经济联系和合作，促进资源的优化配置并加快县域经济高质量发展。

第二节　招商引资工作的主要流程

开展招商引资工作，首先要获取项目信息，接着与企业洽谈、签订协议，然后促成企业购买土地、建设厂房、安装设备，最后调试设备投入生产，这个过程一般需要1～3年的时间。

第一，获取项目信息环节。获取信息的渠道有很多，但对较落后地区而言，最常见的方式还是经由主要领导或人脉资源推介项目信息，例如乡贤提供信息、企业上下游之间互相介绍，以及通过各商协会的联谊获取有效信息等，而企业主动找上门的情况还是少之又少。想要获取招商引资信息，就需要具备敏锐的洞察力，广泛收集和过滤信息，细心观察，用心感悟，主动接近。

第二，项目洽谈环节。相关部门根据地方发展产业的主导方向，审核并分析项目的投资可行性和落地可行性，并对初审项目进行实地考察，现场核实投资企业及项目情况，系统研判项目落地条件，扎实开展项目评估、项目选址及项目投资协议商谈。

第三，协议签订环节。招商部门与项目方协商形成正式投资协议文本，随后签订项目投资合作协议，特别需要明确对赌机制、制约机制和退出机制。合同经相关部门及律师（出具法务意见书）进行联合审查。在审查通过后，上报走“三重一大”决策程序，决策通过后方可签订项目框架协议、投资协议及补充协议。

第四，土地供应环节。根据已签订的项目投资合作协议，由项目方提出用地申请，随后自然资源部门启动项目用地供地程序，完成土地公开挂牌交易，并督促企业缴纳土地款，直至签订《国有建设用地使用权出让合同》后完成项目用地移交手续。

第五，报监报建审批环节。根据已签订的项目合作投资协议，政务服务部门负责建设工程施工许可、人防等项目开工建设前期的行政审批相关工作，并协助企业做好规划、建设、环保、安全备案等其他项目开工建设前期的相关工作。

第六，施工建设投产环节。拿到施工许可证后，施工方可以正式进场施工，园区或投资促进部门协调帮助企业解决涉及项目水、电、气、路等建设阶段的相关问题。在施工过程中，各部门需做好工程质量工作、安全监管工作和综治维稳工作，直至项目竣工投产。

招商引资是一个系统工程，绝不是一个投资促进部门或招商部门单打独斗便可以做好的工作。招商部门只是跟企业打交道的第一道窗口，是企业落地建设生产的端口，后续还需要各单位各部门的通力合作，帮扶保障企业落地建设投产，最终实现招商引资促进地方经济社会发展的目的。

第三节　新时代下招商引资的几种新模式探究

招商引资的一般形式包括有项目找资金、有资金找项目、有项目有资金找地方落户、有项目有技术有品牌找资金，以及没项目没技术没资金出让土地。

传统招商引资常用的模式主要包括以下几种。

产业链招商，即利用地方企业的产业链条进行延伸拓展，招引上下游企业入驻，当同一产业中越来越多的企业齐聚一地时，对相关企业的吸引力便会越来越强，进而实现产业集聚，抱团发展。

以商招商，即依靠已入驻地方的企业，通过其良好的经营成果和口碑，吸引其合作伙伴、上下游企业前来投资。

委托招商，即委托专业的招商中介机构、行业协会或知名人士等，利用其广泛的资源和专业能力，开展招商引资工作。

平台招商，即通过建设产业园区，提供完善的基础设施和配套服务，吸引相关产业的企业入驻。

资本招商，即通过建立产业发展基金，对有潜力的企业进行投资，以吸引其落地。

资源招商，即利用地方特殊资源，包括人文、历史文化、地域特色、特殊环境、矿产等，开展对外招商引资，引进外来资金投资开发建设运营。

政策招商，即根据行业发展情况，制定优惠的产业扶持政策，吸引投资者将项目落户当地。

推介招商，即通过召开招商推介会，宣传推介地方招商项目或利用互联网平台发布招商信息，与潜在投资者进行线上沟通，引起投资者关注以达到招商引资目的。

驻点招商，即欠发达地区在经济发达地区设立招商办事处，派出专业招商队伍驻点招商，主动对接当地企业、商协会、乡贤，收集投资信息，开展招商对接活动。

在一段时期内，为发展地方经济，吸引项目落地，各地纷纷使出“怪招”“绝招”拼经济，上演“抢企大战”，招商引资新花样层出不穷。但随着竞争不断加剧，“内卷”愈演愈烈，招商变抢商，各地之间互相“挖墙脚”；给予“超常规优惠”，人为制造“政策洼地”；不顾发展实际，产业规划同质化……种种招商引资乱象，既扰乱了市场秩序，导致引进的企业“水土不服”，“候鸟式企业”套利，又加大了地方财政压力，更难以达到真正且持久的经济增长预期目标，从而制约了全国统一大市场优势的有效发挥。

当前，新形势新时代下的招商面临着新的挑战，面对全国招商的“内卷”，还使用传统老套的招商模式显然不适宜，这便促使地方招商必须出新招，走新路，并且结合地方实际来创新招商的模式。以下是通过研究各地招商新模式总结归纳出的几种可行的新模式，仅供大家参考借鉴。

（一）引导企业兼并重组、增资扩股再招商。通过招商引资落地本地的企业在发展到一定程度时，在相当长的一段时间里会处于“平流层”模式，资金相对充足，产品市场份额较为饱和，生产技术老练。面对这种企业，如果地方政府再扶一把，引导企业通过再招商引资，引进外来投资，采用增资扩股、兼并重组，以及上市并购等方式，把民营企业与上市公司、跨国公司或行业龙头的资源整合在一起，把它们的优势融合为一体，就能推进地方招商引资企业“二次创业”，这是拓展引资渠道、调整经济结构、提升产业水平的重要举措。

最初招商时，由于南雄精细化工园区地处偏远，招引的企业大多都是小微企业，经过十几年的发展和大浪淘沙，留下来的企业不少都处于维持运营阶段，发展受阻，其产值税收难以达到地方标准。针对这些企业的生产经营范围，地方政府招商部门主动作为，有针对性地开展招商盘活存量，引进投资者，最后盘活了30多家企业，为地方经济可持续发展作出巨大贡献。

广东自由能科技股份有限公司（简称“自由能”）是一家集环保气雾剂产品研发、生产制造、市场营销和增值服务于一体的国家高新技术企业。2014年，南雄市通过“腾笼换鸟”，置换了早期入园的一家闲置企业，引进自由能落户园区。经过几年的发展，自由能在技术创新、品牌价值、产业合作、市场拓展等方面实现了跨越式和质的提升，并于2017年11月成功在新三板挂牌上市，目前已拥有几十项与气雾剂相关的发明专利，基本形成“国内+国外、线上+线下、实体+资本、产业+平台”四位一体的深度发展布局。依托南雄市良好的营商环境和公司自身的不懈努力，自由能不断发展壮大，原有的20亩（1亩等于666.67平方米）厂区已无法满足其增资扩产的发展需求。

2017年底，在南雄市的大力推动下，自由能以收购园区两家闲置企业的形式，重新选定了150亩的新厂区作为自由能气雾剂产业制造基地。新投产的自由能气雾剂产业制造基地总占地面积150亩（100000平方米），一期面积达20000平方米，总投资近1.2亿元，全面投产后预计将达到年产气雾剂产品1亿支以上，实现新增产值6亿元，可纳税6000万元以上。10年时间，该公司在南雄市不断发展壮大，依托本地产业基础，利用自身实力，通过收购兼并、增资扩股吸引外资在新三板上市，走出了一条企业自主招商引资的新捷径，与此同时，还为当地政府引进多家上下游产业配套企业，并帮助这些企业落户园区。

位于浙江省湖州市南浔经济开发区的巨人通力电梯有限公司是中国最具影响力的电梯品牌之一，有着几十年专业制造电梯及自动扶梯的历史。通力集团于1910年在芬兰成立，以其率先运用的无机房技术引航世界，其电梯及自动扶梯业务遍及全球多个国家，所发明的环保节能的无机房电梯技术更是执世界电梯业之牛耳。2005年，浙江巨人电梯通过企业招商引资，引进外企通力集团，成立巨人通力电梯有限公司，实现强强联手。中国民企成为通力全球大家庭的一员，拥有了更先进的技术和更强劲的竞争力，从而占有更大的市场份额，拓宽了企业发展空间。浙江省南浔经济开发区通过产业和产业合作、产业和资本合作、产业和技术合作等模式，走出了一条“以民引外、民外合璧”的招商引资新路子，被称为“南浔现象”。

企业的发展需求是企业扩张发展的内生动力，企业的现身说法是最好的招商广告，企业行业内的朋友圈是最好的招商引资资源库，企业可以充分发挥他们的投资示范作用，以达到办好一个企业、引进一批外商、带来一串项目的目标。实践证明，实施外资企业滚雪球策略，推进“以外引外，以企引资”是当前新时代下招商引资的新路径。

（二）**以资源换项目，用订单换产业。**之前，我们常采用“以市场换技术”的策略，例如中国汽车业，往往都是通过牺牲部分国内市场，以合资企业这种形式来招商，这种做法在某种程度上等同于“卖资源换项目”。但对很多没有市场、没有区位优势和产业欠发达的地区而言，仍会提出“用资源换项目”“用项目换产业”的措施。例如，政府有地方污水管网和城乡供水工程，需要大量采购污水管网和净化水池设备，因此有大量的工程要干，很多企业都会闻讯而来，政府可以利用施工单位做工程，公开招引项目方，并采用“项目+产业”的合作方式。那么有意愿做工程的企业，就必须引进一家做污水设备和管网生产的企业落户当地，地方政府会优先采购其生产的产品。例如，如果有新能源企业想投资本地的光伏风力发电场，政府就可公开招引。在地方投资建设光伏风力发电场的企业，则需要在当地配套建立生产风电设备或光伏板的制造企业。

（三）**资本基金招商模式。**“资本+基金”是投资与招商同步的招商模式，通过加强与产业基金等基金管理公司、创投公司、股权投资机构之间的合作，引进项目。政府可以通过设立扶持重点产业发展的引导基金，来撬动大量社会资本的参与，这不仅支持了具有核心竞争力的高科技产业，也为大量具有发展潜力的中小企业提供了充足的资金和资源帮助，可以发挥

“四两拨千斤”的放大效应，让更多资金精准投向产业转型、助力“双招双引”。基金招商的核心内涵包括，成立产业（引导）基金，物色一家龙头企业，通过投资和并购的方式对这家龙头企业产生一定的影响力乃至控制力。龙头企业产生产业链虹吸效应，产业基金又围绕龙头GP（普通合伙人）和龙头企业投资并购形成基金集群和产业集群，从而兴起一个支柱产业和产业集群，活跃一片城市经济，即一只产业基金，一个龙头企业，一个支柱产业集群，一方城市经济。

与韶关南雄接壤的龙南市，近年来，通过主动创新“基金+项目”的资本招商模式，先后设立8只基金，基金规模达14.59亿元，精准投向8个项目，逐步建立“引进团队—国资引领—项目落地—股权退出—循环发展”闭环模式，搭建了一套涵盖天使孵化、创业投资、融资担保、上市培育、并购重组等企业全生命周期基金服务体系，初步形成资本招商全链条，成功引进佳纳新能源、嘉尚新型储能项目等一批上市公司、行业龙头的优强项目落户，加快产业集聚集群，实现经济高质量发展。

在2024年8月1日国务院令第783号《公平竞争审查条例》施行后，各地将会相继设立引导基金。地方政府通过设立各类产业基金、项目专项基金，发挥基金撬动杠杆作用，用少量国有资本投入，带动社会资本聚集，进一步完善“链接资源、设立基金、投资项目、招引落地、跟踪服务”的资本招商模式，充分发挥引导基金的作用，强化事前研究，加强投后服务，从而实现更多优强项目落户当地。

第二章

招商引资的困境与工作路径优化

南雄市地处广东省东北部，与湖南、江西两省接壤，20世纪90年代，南雄有卷烟厂，仅卷烟厂每年供给财政的税利就达1.15亿元，其经济发展在全省山区县中是一面旗帜。2002年，南雄卷烟厂被兼并后，相关联的上下游产业如印刷厂、皮革厂、纸箱厂也因此停产，包装、物流等行业严重受挫，南雄市经济陷入了低谷，财政总收入跌到了6000多万元，连基本的财政供养人员工资都难以保障。

此后几年，南雄市就一直面临着地域偏僻、交通不便和基础薄弱等问题。南雄市想发展经济、想招商引资，无奈在广东省这样一个出口企业众多的省份，多数外向型企业都不愿意搬到南雄这个“山沟沟”里。“外面的和尚”不肯来，本地企业又只能小打小闹，因此，在很长一段时间里，南雄市对如何寻找产业定位和发展县域经济很是迷惘。

2005年，南雄市在井冈山上召开了由市四套班子及部门负责人组成的市委中心组（扩大）学习讨论会，紧紧围绕经济发展这一主题展开大学习大讨论，以达到解放思想、达成共识的目的。2007年初，南雄市委、市政府考察队伍南下珠三角地区的部分城市及清远、河源，北上长三角和江西赣州等地。走出山门、冲破思想禁锢，在随后召开的“赣州会议”上，南雄市委、市政府提出了以建设粤北门户城市为总抓手，以招商引资为突破口，实施“工业绿灯工程”的工作思路，并达成“不争论、不议论、不消极，奋战两三年，实现南雄跨越发展”的共识。

尽管思路已经统一了，对自己的优势也有了清晰的认识，但南雄组织人员到珠三角地区进行招商推介的效果却不尽如人意。就在焦急困惑时，2008年，时任中共中央政治局委员、广东省委书记的汪洋同志在韶关调研时，提出了“产业集聚”的课题。与此同时，南雄还捕捉到这样一个信息——国家发文规定，从2010年起，新的化工建设项目必须进入产业集中区或化工园区。南雄敏锐地觉察到必须好好利用这个政策，因为精细化工有科技含量高、附加价值高、经济效益好，以及占地少、产业关联度大、污染少的特点，不但符合南雄市位于广东省生态发展区的要求，而且符合广东省很多精细化工企业的产品主要在国内销售的特点。同时，南雄有丰富的松脂资源。南雄市松林面积广阔，可年产松脂2万多吨。南雄市又正好是赣州、郴州、韶关红三角的支点，处于广东、江西、湖南三省交界的重要位置，也是粤湘赣交界地区商品集散中心，粤港澳辐射内陆腹地的“黄金通道”，有利于产业园区与周边区域的交流。比如，江西省赣州市南康区是内地最大的家具市场，有近2000家家具厂，许多家具厂在开设分厂时选择落户南雄市，因为这里可以为南康家具市场提供涂料产品。因此，南雄市转变了思路，跳出广东省边缘，从而转向内销市场，选择精细化工这一“名优广货、内销比重大”的产业，将边缘劣势变为前沿优势，使南雄市成为精细化工内销市场的前沿阵地。

近年来，南雄市抓住“产业集聚”这个关键课题，举全市之力进行专项突破，主攻精细化工产业招商。短短几年时间，南雄产业转移工业园里的精细化工片区已经全面完成招商，落地企业130多家，规模以上工业企业60多家，产品涉及高性能合成树脂、涂料、油墨、添加剂，多元醇黏合剂、热固化及紫外光固化特殊涂料等领域，并有针对性地引进了制罐、包装、印刷以及有危化品运输资质的物流车队等配套企业。

近年来，南雄产业转移工业园实现规模以上工业企业增加值超60亿元，初步形成产业集聚效应。随后，园区又通过扩园发展了先进材料片区。2022年，在《“十四五”全国农药产业发展规划》中，南雄高新技术产业开发区被列入“十四五”重点发展的农药产能重点园区，掀起了南雄市绿色植保园区建设招商的新热潮。

在当前新的严峻经济形势下，全国各地再次掀起了“大招商，招大商”的热潮，不少发达地区纷纷走出国门，到国外开展招商。可见，招商引资对各地发展和经济全面复苏的助推作用显著。对国内欠发达地区而言，为了地方发展，大家也在赤膊上阵、努力拼搏，但地方的资源区位和经济实力等诸多因素造成地方在招商引资方面面临着一系列困境。例如，南雄市因为地处偏远、交通等基础设施薄弱，没有便捷、直达的现代交通网络，缺乏充沛的水电气资源；产业配套不足，缺乏上下游相关产业的配套支持，比如，企业在生产过程中，如果缺少一个关键零部件，那么全厂就得停工一到两天，还要派专人到珠三角地区采购关键零部件，这使得企业难以形成完整的产业链，影响企业的生产效率和竞争力；企业生产发展所需的高素质管理人才、技术人才和营销人才相对匮乏，即使招来人才，也难以留住，满足不了企业的发展需求；市场规模也有限，产品在本地没有充分的市场，通过物流发货又无形中增加了企业的生产成本，企业产品的销售渠道和市场空间也受限；还有个别地区地处偏远，可能存在政务服务效率不高、审批流程烦琐、法治环境不够完善等问题，增加了企业的运营成本和难度。

第一节　南雄市招商引资现状

在当前乡村振兴背景下，广东省提出实施“百县千镇万村高质量发展工程”，对于破解不平衡发展的难题来说，正当其时。近年来，南雄市进一步解放思想，不断深化改革，把招商引资工作列为经济工作的重中之重，举全市之力，大力开展招商引资，已逐步形成浓厚的招商引资氛围，招商引资在弥补经济建设资金不足、调整产业结构、提高经济运行质量、扩大劳务就业等方面发挥了重要的作用。

一、经济发展现状

2023年，南雄市地区生产总值为135.9亿元，一般公共预算总收入57亿元左右。2022年，南雄市地区生产总值为132.25亿元，其中，第一产业增加值为37.49亿元；第二产业增加值为29.23亿元；第三产业增加值为65.53亿元。三次产业结构的占比为28.3：22.1：49.6（见图2-1），存在第二产业占比偏低的情况，这说明南雄市工业发展相对滞后。

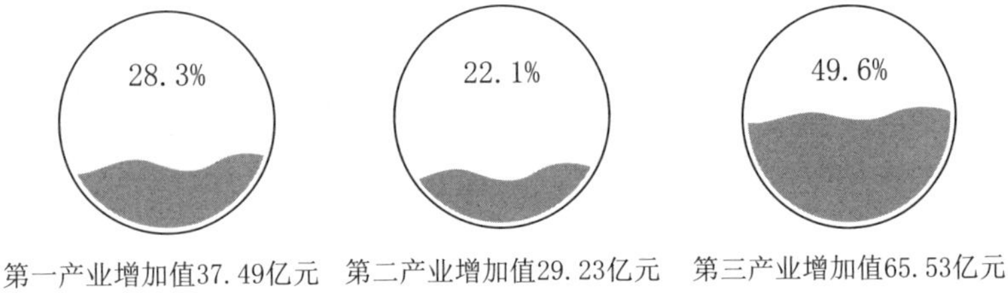

图2-1　2022年南雄市第一产业、第二产业、第三产业的增加值及占比

从图2-2可以看出，南雄市2022年农林牧渔业产值为62.57亿元，同比增长约3.7%。其中，农业产值为37.02亿元，同比增长约7.2%；林业产值为6.24亿元，同比增长12.8%；牧业产值为15.51亿元，同比增长持平；渔业产值为3.18亿元，同比增长约2.6%。从图2-2可以直观地看出相对于2021年农林牧渔业的产值，2022年南雄市农林牧渔业产值的数据呈缓慢上升趋势，农业发展稳健有力。

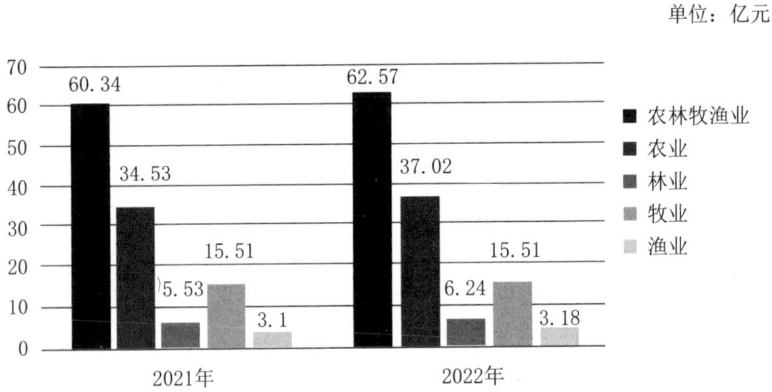

图2-2　南雄市2021—2022年农林牧渔业的产值

从图2-3可以看出，南雄市2022年规模以上工业企业产值为74.67亿元，同比下降约3.8%；规模以上工业企业增加值为16.03亿元，同比下降约6.8%。其中，2022年，先进制造业增加值为8.04亿元，同比增长约3.3%；高技术产业增加值为0.57亿元，同比增长约26.7%。

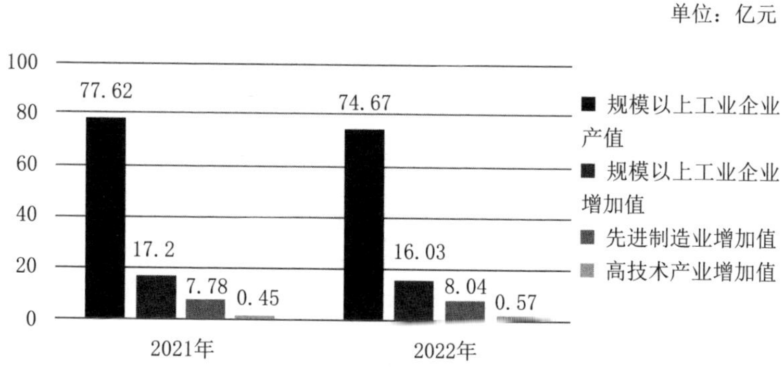

图2-3　南雄市2021—2022年规模以上工业企业产值及增加值

综上诸图，我们可以看出，南雄市经济发展的短板在于第二产业，脆弱敏感之处也在第二产业。因此，南雄市补短板、谋发展，必须以工业为先，发展工业是推动南雄市经济发展的引擎。

二、当地招商引资工作开展情况

2021年至2023年，南雄市共引进项目241个，通过图2-4的对比可以发现，在2021—2023年的招商引资项目中，工业项目数量逐渐低于农业项目，再结合近年来地区生产总值来看，南雄市必须大力发展第二产业，大力招引工业企业，以激发第二产业活力，推动南雄市的发展。

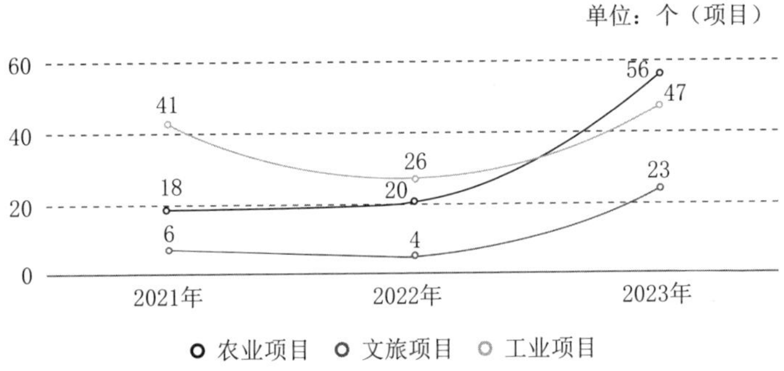

图2-4　南雄市2021—2023年招商引资情况

（一）健全工作机制，规范招商流程

南雄市委、市政府把招商引资工作放在重中之重的位置，持续完善、健全、创新招商引资工作机制，推动招商引资工作获得实实在在的成效，具体做法主要体现在以下几个方面。一是坚持高位推进。南雄市把招商引资工作作为“一把手”工程来抓，由市四套班子主要领导分别担任精准招商工作组“一把手”。二是开展精准招商。聚焦先进材料、新能源、特色农业、林业经济、文化旅游、现代物流、绿色矿业7个产业，组建7个由“分管行业市领导+行业主管部门+相关配合单位”组成的产业链招商组，组建18支由“市领导+镇街+相关配合单位”组成的乡村振兴招商队，开展产业链招商、精准招商，主动外出推介宣传本辖区的特色产业资源。三是灵活运用招商方式。成立南雄驻东莞招商工作联络处，利用南城—南雄对口帮扶、第五届世界广府人恳亲大会等各类平台载体，发挥南雄市众多乡贤在珠三角地区投资办厂的资源优势，加强与上市公司以及在南雄有生产基地的大型企业的对接合作，大力开展以商招商、中介招商、驻点招商、乡贤招商、以情招商等，拓宽招商渠道。四是建立协调机制。建立招商引资项目预审会议制度，定期召开招商引资联席会议、周例会，对招引目标把脉定向，梳理意向清单，制定短期务实举措，加强部门之间的协调与配合，形成招商工作强大合力。

（二）搭建园区载体，打造涂料和植保平台

南雄产业转移工业园区是招商引资重要的载体和平台。近年来，南雄市持续完善园区的基础配套设施，开展标准厂房建设，推进智慧园区建设，大力实施扩园计划，使园区成为全市招商引资工作的旗帜。截至2023年12月，入园企业共144家，其中试投产企业106家，规模以上企业65家，并且形成的涂料产业集群成功入选国家级中小企业特色产业集群。自2022年南雄市绿色植保产业园被列入全国31个发展农药产业重点园区之一后，南雄市更是抢抓机遇，超前规划，在加快基础设施建设的同时，同步开展相关的招商工作，目前，南雄市绿色植保产业园已签意向项目21个，总投资57.2亿元，用地面积1850亩。其中，6个项目已正式签约落地并确定选址，占地面积约234亩。

（三）完善考评方案，出台激励政策

一是严格督导考评。每年，南雄市将招商引资工作列入年终综合绩效考核。自2023年以来，南雄市人民政府结合韶关市督导考评工作方案，印发《南雄市招商引资督导考评工作方案》，明确了市四套班子领导、镇（街道）的年度招商引资任务目标，将引进产业项目投资额任务分解到各镇（街道）和市直招商引资责任单位，并明确考核评分指标和结果运用，由市招商办定期进行考评通报。

二是制定激励政策。南雄市人民政府出台《南雄市镇域经济高质量发展财政保障和激励方案》，各镇（街道）招商引资项目所获得的税收可按照比例由当地政府自行调配。雄州街道、黄坑镇共申请招商引资企业税收奖励近10749元。

三是开展评先评优。南雄市人民政府在招商引资工作当中，对成绩突出、认真负责的优秀干部，优先考虑评先评优及职级晋升。

（四）建立营商环境“红黑榜”

一是建立营商环境“红黑榜”。制定营商环境清单，实行季度督查、半年整改、年终总结；将营商环境“红黑榜”的结果在全市范围内予以通报；建立营商环境“红黑榜”与营商环境考核挂钩机制。

二是加快项目审批。在政务服务大厅设置“一网通办、一窗通取”服务专窗，推行“1+N+1”服务模式，其中，“一网通办”可以实现半天内办结业务。

三是抓好服务保障。实行“一个项目，一名市领导、一套人马、一个牵头部门、一套实施方案、一跟到底”的“六个一”项目落实职责制，在项目选址、注册登记、施工建设等方面，实行全程帮扶。

自2020年以来，南雄市完成招商引资新签约项目300多个，其中亿元以上项目90多个；合同投资额达500多亿元；新开工建设项目近300个；新竣工投产项目100多个；完成年度投资额超100亿元。招商引资工作在韶关市各县（市、区）中名列前茅。

第二节　南雄市招商引资的困境分析

首先，南雄市虽然属于广东省，但却是广东省一个较为落后的地区。目前，南雄市在招商引资中遇到的困境有以下六点。

（一）交通等基础设施没有特殊优势

近年来，南雄市抢抓粤港澳大湾区建设机遇，加快交通基础设施建设，打通对接粤港澳大湾区的南下主通道。南雄市虽有赣韶铁路接轨京九铁路、京广铁路，以及韶赣高速、雄信高速、G323线、S342线贯穿，但远远不如一些相同区位条件的兄弟县市。南雄市又属广东省的边远地区，到粤港澳大湾区核心城市的平均车程为3～4小时，区域内没有通高铁，前往周边高铁站、飞机场平均车程为1～2小时。总体来看，南雄市无论是地理条件、资源条件还是政策条件，与沿海城市及相邻的江西省各县市相比均无特殊优势可言。近年来，周边地区特别是毗邻的江西省赣州市信丰等县发展迅猛，它们在区位优势、物流交通等基础设施方面远超南雄市，便利程度也更高。

（二）政策优势被周边地区“虹吸”

南雄市位于粤赣两省交界处，三面与江西赣州的信丰、大余、龙南等地接壤，周边江西省的县（市、区）可以享受相关的扶持政策，但南雄市却毫无政策优势可言。

（三）产业和生活配套不全

近年来，南雄产业转移工业园区经常出现蒸汽供应和压力不稳定现象，部分企业正常生产受影响，产品的残次品增加，一定程度上制约了企业的发展。某蒸汽供应单位现有的蒸汽配置，在停止发电期间，没有可替换或备用的蒸汽供应设备，导致企业不能正常生产。

在生活配套方面，南雄市内相关娱乐、教育、医疗、饮食产业配套并不齐全，再加上其交通不便利，导致外地客商及务工人员进驻后感到生活不便而选择离开，这极易造成人才流失。客商流失后容易导致本地就业岗位减少，本地青年劳动力因就业岗位不足或不适合，多数选择前往珠三角等地务工，这导致一定的恶性循环——外地客商因招不到工选择迁出，本地人找不到合适的工作选择前往珠三角等地务工，最终导致南雄市招商项目招人难、用工难。

（四）营商环境仍待优化

从软环境来看，虽然南雄市建立了招商引资“六个一”工作机制，但是在落实上仍有差距。一是大部分项目只有牵头单位和招商专员进行对接，没有建立“一跟到底”的跟踪协调机制，牵头单位的协调作用发挥得不明显。二是招商与服务衔接不畅通，部分镇（街道）还局限于完成考核任务的工作状态，对招商的有关知识掌握较少，引进招商引资项目后存在“重引进，轻服务”的问题；有些单位或者镇（街道）把企业引进后，没有及时跟进项目后续问题，不仅使得政府与企业之间存在“两头热，中间冷”的现象，而且导致帮助企业解决问题的“店小二”服务意识不强。

（五）项目资源包装不够专业

在密切关注国际国内产业和政策导向，准确把握市场走势、主动适应市场需求方面，项目的规划、包装、推介水平不高，储备不足或者开发深度不够、成熟度低，很多推出的项目操作性不强。此外，能够立足南雄市资源、特色产业、要素成本优势，满足客商要求的大项目、好项目不多，富民强市的产业项目少，很多项目停留在影子项目、线索项目阶段上，导致客商意向多、合同少、落地少。

（六）招商方式有待创新

目前，南雄市获取招商引资的项目信息主要依赖于节会招商、上级推荐、落户企业增资扩产等渠道。招商项目信息来源渠道单一，招商活动的市场化程度较低，对市场缺乏足够的调研和考察，外出招商的针对性不够，难以满足南雄市招商引资和项目建设需求，最终导致招商成效不够理想。

第三节　南雄市招商引资工作开展路径优化的对策

近年来，针对南雄市的发展现状和招商引资存在的问题和困境，南雄市成立招商服务中心，选派专业人员组建招商队伍，制定方案，明确目标，统筹全市招商引资工作的开展，大力实施专业招商、产业链招商和驻点招商。

（一）解放思想，坚定招商引资信心

招商引资是南雄市经济社会发展的重要推动力，要坚持招商引资“总抓手”的地位不动摇，力度不减、措施不软、氛围不淡，进一步巩固招商引资在全市经济工作中的重要地位，切实发挥好招商引资对“工业强市”战略的推动作用。

做好新时代下的招商工作，首先要解放思想，转变招商理念。以前，我们的招商理念都是“等靠要”，待在家里坐等客人上门，但是现在的招商形势严峻，招商需求也不一样，所以我们不能坐等客人上门，要实现从依靠招商政策向依靠良好投资环境进行招商的转变，同时，我们要认识到真正想投资、有实力的企业，看中的不是政府政策的奖补，而是当地的营商环境。我们要从撒网式盲目招商向定向精准招商转变。要把以往“捞到哪条鱼就算哪条鱼”的理念转变成“‘捞到的鱼’符合我条件的‘我才要’”的理念；从“重数量、轻质量”的理念转变成“数量、质量齐头并进”的理念。

其次，进一步解放思想，营造招商引资的浓厚氛围。继续完善宣传平台，适时更新编印《招商投资指南》，通过新闻宣传、召开专题招商推介会、参加各种洽谈会等渠道，加大宣传推介力度，扩大南雄市的对外影响力，广泛吸引投资者来南雄市投资兴业。

最后，进一步加大招商引资力度。招商引资既是“一把手”工程，又是一项关系全民的系统工程，要坚持实行“一把手负总责、全民招商”机制，不断强化招商方式和措施，坚定信心鼓干劲，找准定位理思路，突出重点求突破，完善机制夯

基础，努力开创招商引资新局面。

（二）摸清资源家底，精准定位招引方向

南雄市地处广东省东北部、大庾岭南麓，毗邻江西省，作为广东省北部生态发展圈的一部分，区域内高山地区光能、风能资源丰富。相关数据显示，南雄区域内光伏发电年有效利用小时数达1058.24小时，在风能资源方面，80米高空处的年平均风速在7米/秒。

在农业种植方面，因光照充足、气候湿润以及地处广东省北部生态发展圈，南雄市水稻种植业、竹林资源和银杏资源发达。2022年，南雄市水稻种植面积45.23万亩，水稻产量达19.18万吨，政府主导推广测土配方施肥、绿色防控等栽培技术，大力培育优质稻，主打丝苗米、油粘米品种种植。南雄市是广东省竹了主产区之一，现有竹林约60万亩，共有竹类植物3属50余种，全年可伐竹时间长，竹子价格稳定。其中，毛竹林约50万亩，面积居广东省之首，年产毛竹42万吨；杂竹约10万亩，年产杂竹30万吨，这些丰富的竹木资源为市面上大部分竹纤维产业提供了重要的原料。南雄市素有“中国银杏之乡”的美誉，共有银杏树20多万株，是国内纬度最低的天然银杏生长区域、广东省唯一的银杏主产区。因为独特的地理位置和气候条件，南雄银杏演化出了独特的品种，果实口感香甜软糯，在市场上享有很高的声誉，可以说南雄银杏是南雄市的一大特色。

在文旅资源方面，南雄市自然旅游资源得天独厚，名胜古迹众多，生态环境优越。目前，南雄市已经初步发展成为以姓氏文化为核心的珠玑——梅岭文化旅游片区，以自然景观、

温泉度假为核心的主田——江头生态休闲旅游片区，以“银杏染秋”为核心的坪田——帽子峰银杏文化旅游片区三大片区；基本形成古色、红色、绿色、金色、蓝色“五色生辉”的旅游格局。

“古色”，包括珠玑古巷、梅关古道、千年古塔、千年古树、千年古村落、远古恐龙遗迹等文物古迹。

“红色”，包括中共广东省委机关瑶坑旧址、水口战役纪念公园、“油山会师”旧址等红色革命历史遗迹。

“绿色”，包括帽子峰森林公园、孔江国家湿地公园、广东南雄小流坑——青嶂山省级自然保护区等绿色生态旅游景点。

“金色”，包括帽子峰银杏林、“黄金大道”、坪田古银杏群等“银杏染秋”景观。

“蓝色”，包括丰富的养生温泉资源，如龙华山温泉、青嶂山温泉等。

在工业产业方面，南雄高新技术产业开发区是全省精细化工产业集聚度较高、配套较为完善的专业园区，符合国家产业政策和绿色农药产业定位，具有良好的环保和安全管理措施，是省级政府认定的高新技术工业园区以及国家“十四五”农药产业发展规划中入选华南地区发展农药产能的重点园区，是广东省唯一入选的化工园区。该化工园区以精细化工产业为纽带，形成了生产加工体系匹配、物流成熟完善、公用工程专用、污染物统一治理、安全设施配套、资源利用高效、管理科学规范的产业聚集区。该化工园区以高标准配套建设了统一集中的污水处理厂、安全环保视频监控平台、化工原料仓储物流中心、应急救援中心、省级精细化工产品质检中心、环保管家咨询服务和投融资服务中心、人力资源中心等设施平台，可以为企业提供专业化的一站式服务。

根据南雄市第一产业、第二产业和第三产业的发展情况和资源、平台建设情况分析，南雄市应坚持把工业项目招商摆在首要位置，以广东省唯一的绿色植保产业园为依托，全面吸引全国乃至全球高端绿色植保产业企业入驻；以丝苗米、南药产业园为依托，引进和培育农业龙头企业；立足广府原乡、银杏之乡、红色南雄等特色品牌，盘活龙华山、竹博园等特色资源，开展文旅产业招商。聚焦先进材料制造、林业生物、绿色植保、新能源及能源储备、特色农业、林业经济、文化旅游康养、现代物流、绿色矿业等产业开展重点招商，紧盯产业链领军企业、头部企业、500强企业、高新技术企业，实施引优引强攻坚行动，提升高质量招商的驱动力。具体做法如下。

（1）聚焦新型工业化招商，推动工业突破。

把工业招商放在突出的地位，围绕先进材料制造、林业生物、绿色植保产业等领域，引进一批资本雄厚、技术先进、市场广阔的优质企业，充分利用南雄高新技术产业开发区的产业优势，推进精细化工产业高质量腾换。以南雄市绿色植保产业园建设为契机，积极谋划招引一批投资大、产值高、税收高的绿色植保产业企业入驻园区。利用南雄市丰富的竹木资源和林下种植优势，依托中国林业产业联合会在林业产业的领导地位，配合国家“一二三产融合发展”的规划部署，建设国家林业生物产业基地，重点招引银杏、竹子萃取等林业生物医药产业和竹木基复合材料精深加工产业。

（2）聚焦新能源产业招商，储备发展新动能。

科学有序地发展风能、光能等清洁能源产业，积极引进新能源及能源储备产业项目，为韶关建设全国一体化算力网络粤港澳大湾区枢纽节点数据中心集群提供能源保障。

（3）聚焦现代化农业招商，推动农业增值增效。

充分利用创建国家乡村振兴示范县的契机，加快推进南药、丝苗米、生猪等省级现代农业产业园建设，发展休闲农业、智慧农业、创意农业等农业新业态，大力建设粤港澳大湾区的“菜篮子”“米袋子”“果盘子”“茶罐子”“花瓶子”“水缸子”。紧盯国家级、省级农业产业龙头企业，招引南雄梅岭鹅王、酸笋鸭等预制菜全产业链，果蔬深加工等特色农业产业投资主体，推动第一、第二、第三产业融合发展。

（4）聚焦林下经济招商，推动生态产业化。

充分利用南雄市丰厚的林业资源和良好的森林储备能力，深化集体林权制度改革，加快推进国家储备林项目建设和中药材省级林业特色产业发展基地建设，大力发展油茶、竹子、苗木等特色经济林和林下种植、养殖等林下经济产业，推动林业资源价值化。

（5）聚焦旅游产业化招商，推动服务业转型升级。

充分利用韶关市创建国家全域旅游示范区的契机，科学统筹珠玑文化、长征文化、恐龙文化、银杏文化等特色文化和自然资源，发展岭南非物质文化遗产创意展示园和乡村民宿。

加快推动长征国家文化公园（南雄段）和南粤古驿道的建设，打造南雄市“五色”旅游高地以及温泉康养基地。以南雄鸦子寨省级森林康养基地、南雄市帽子峰国家级森林康养基地为源头，发展保健养生、康复疗养、休闲游憩等森林康养产业，并借助广东天护文化旅游数字化产业项目，植入广府原乡元素，建设文旅大数据应用平台，构建新型文化业态。

（6）聚焦现代物流招商，推动商贸物流产业升级。

立足韶关丹霞机场、韶关高铁站、韶关港、韶赣高速、雄信高速等交通枢纽优势，聚焦南雄商贸流通业补链延链强链，积极引进商贸流通业重大项目，构建衔接顺畅、运转高效、绿色低碳的现代物流产业体系和“南货北运”“北货南运”的区域性现代物流节点。

（7）聚焦绿色矿业招商，推动资产资源价值化。

立足南雄市丰富的矿产资源，对重要矿产资源进行勘查和开发，延伸产业链条，招引企业对矿产资源进行合理开采和利用，从而推进绿色矿产发展示范区建设。

（三）主动谋划产业，开拓优质项目

1.主动谋划产业

充分利用好南雄市自然资源优势、产业园区政策优势，以及南雄作为黄烟之乡、银杏之乡的特色，结合姓氏文化旅游节等文化活动，还有风能、光能等丰富的自然资源，谋划与中国烟草探讨合作，开发香烟配套产品，帮助南雄黄烟打响知名度。同时，建立南雄黄烟历史馆，与区域内其他展馆协调联动，吸引游客参观游玩。以风能、光能资源丰富为机遇，谋划联合新能源企业，挖掘上下游产业，打造新能源零部件产业链集群。同时，在大数据时代的今天，产业发展还可以适当向非实体经济领域和全球化趋势探索，通过引资促贸、产业扶持基金等形式，打造南雄市网络直播带货高地，收集整合全国各地产品信息要素，向国家层面寻求网络政策支持，构建面向全球网购用户进行直播带货的政策环境，以南雄市为各类产品推介地，以全国为产品发货地，与全球做生意。在各镇（街道）立足自身出发的基础上，深入挖掘乡镇优势资源。

借鉴贵州铜仁朱砂古镇发展思路，以澜河镇743矿区为例，以矿区为中心，打造以国防教育、文化、科普、影视等为一体的矿山休闲怀旧小镇。发挥好丝苗米品牌效应，借鉴其他地方优秀案例，谋划建设农业类博物馆，讲好“一粒米”的故事。创办南雄市米业品牌，做好米业品控，将南雄市所有稻米产业的产品进行统一收购，并进行挂牌销售，形成一个属于南雄市的米业品牌，扩大品牌效应，并同步以“南雄银杏”为抓手，与相关企业合作开发银杏酒、银杏茶、银杏类食品，将“赏”银杏与“品”银杏相结合。要联系南雄市当前产业实际，探索适合南雄市发展的文旅、农旅项目。

2.积极争取通高铁

“要想富，先修路”，南雄市位于粤赣交界处，是两省经济发展交流的枢纽。但是，目前南雄市的交通仍不具有特别大的优势，未开通高铁且与周边县（市、区）的高速公路线路单一，这大大地阻碍了南雄市的对外交流和物流输送。在此方面，南雄市人民政府必须主动积极寻求国家发展和改革委员会

（以下简称“国家发改委”）、交通运输部、铁路总公司的政策支持，以尽快将有关高铁建设事项提上日程，并力争尽快通高铁。南雄市作为中原地区与广东的交通枢纽，应真正发挥其在物流、人流客运方面的核心作用，从而为南雄市的经济发展提速。

3.抢抓优质项目

南雄市申请并获批成为广东省内唯一绿色植保产业园区。目前，南雄市在绿色植保项目上拥有大量的发展空间和发展优势，其以竞争思维，通过与其他地区产业园开展飞地或孵化基地模式进行合作，与较发达、有项目、有资金的地区携手，共同抢抓优质产业项目。南雄市提供项目落地要素，以保障项目建设顺利进行，通过协议约定在税收分享、指标分享等方面的比例分成，实现“飞出地”与“飞入地”的合作共赢。

南雄市拥有一定的绿电指标，并且有在同步申请上级项目资金，例如长征国家文化公园项目资金。在此情况下，绿电指标不但能有效地降低企业成本，而且能帮助相关部门利用争取到的项目资金有效地进行地区产业开发。南雄市通过这些优势，可以抢抓优质产业项目落地，从而实现良好产业发展循环。

（四）注重招商引资实效

一是进一步加大项目策划包装力度。加大项目库建设，搞好项目的策划包装，有重点地选择一批重大招商项目，集中策划项目可行性报告，着力提高项目策划包装质量，使这些项目真正成为成熟的招商项目。

二是从源头上防止“三难”项目入驻。为有效地提高招商项目质量，缓解入驻项目“落地难、建成难、运营难”的现象，在招商洽谈和签订协议过程中，要杜绝为完成任务而签订协议、不经考察或考察不细致就签订协议、签订协议时夸大投资规模和投资额度等现象，避免招进“有心无力”的“皮包公司”和“真圈地、假开发”的“骗子公司”。

三是努力提高招引项目的履约率。对已签约未按期落地、已落地未按期建成、已建成未达到约定投入产出强度的项目进行全面清理，并认真分析原因，逐一制定解决方案。对于政府因政策调整或其他原因无法在土地、资金等方面兑现的承诺，应及时与企业沟通并签订补充协议。对于那些不讲诚信、长期不履约的企业，及时依法依合同启动退出机制，收回其长期占用的工业用地。

四是深化“亩均论英雄”改革方案，科学谋划企业分类综合评价和结果运用机制，对达不到产出比例的企业要依法清理，切实把园区有限的土地资源用足、用好。

（五）优化招商引资环境

一是全力推进基础设施建设，打造良好的环境。持续推进高新区基础设施和配套设施建设，加快推进东拓片区扩园和化工园区认定，向来南雄市考察的企业展示南雄市良好的形象。同时，开展韶赣铁路复线（动车）、雄乐高速、井雄全高速（南雄段）前期工作，全力推动项目早日动工，提升南雄市招商引资的总体竞争实力。

二是进一步优化招商政策。充分利用省支持承接产业有序转移、东莞对口帮扶等一系列政策支持，聚焦生物医药、先进材料、新能源等重点产业链，加快引进或培育产业龙头企业，并建设重大项目，对于能形成完整产业链且具有较强研发能力、产业配套能力和产业集聚效应的项目，在财政补贴、资金融资、研发资金支持、人才引进等方面给予专项政策支持。

三是健全跟踪服务机制。建立重点项目帮办制度，市领导对投资重点项目实行点对点帮扶，为项目落户和建设搭建高速通道和平台；进一步规范招商引资责任单位挂点负责制、项目责任制等服务企业制度，引导企业快速建成达效；加强政府与企业之间的联系，超前对接，积极服务，帮助企业分析、解决落户和竣工投产前的主要问题；关注企业当下的生存状况，对企业运营情况进行全面分析、梳理，建立投资企业运营档案，掌握企业运行情况，及时解决企业在建设和生产经营过程中出现的突出问题。

（六）探索创新招商方式

一是加强对招商信息资源的收集。加强对国家政策、产业动态、企业发展意向等各方面信息的收集、整理，并定期发布这些信息，以指导各部门招商。建立长期的招商联系机制，密切关注大企业、大品牌的投资意向，盯住珠三角地区的产业转移动态，尤其是重点转移企业，定向搜索信息，做到第一时间了解信息、第一时间采取行动，确保招商有的放矢。向韶关市人民政府提议由韶关市级统筹，对接省厅、招商中介、行业协会等部门、机构，收集符合韶关市产业发展规划的招商项目，并引荐到相关部门进行对接。

二是开展中介招商。持续对接有实力的中介招商机构，寻找符合南雄市产业发展的高质量企业，集中进行对接、洽谈，并借助中介招商机构的资源，对南雄市收集的产业资源项目进行精细化包装，着重吸引相关产业链的企业入驻南雄市。主动走访各地区的乡贤、商协会、行业协会；积极对接城市更新地区外溢企业，第一时间与线索企业进行心贴心、面对面、零距离的沟通对接。

三是突出产业链招商。围绕南雄市重点发展产业方向，分门别类地进行产业招商研究，编制产业链招商图谱，建立产业链招商数据库，细化产业链招商目标企业清单，开展靶向招商。发挥好招商驻点强链延链补链作用，发挥“链长制”作用，依托“链主型”企业开展产业链上下游招商，有针对性地引进一批高关联配套企业、上下游企业、服务企业和重大项目，加快构建完整的产业链条。

（七）健全招商引资保障体系

一是定任务。南雄市委、市政府每年确定全市招商引资任务，由商务部门按照“突出重点、兼顾一般”的原则，将任务具体分解到各镇（街道）各部门。各单位也要根据下达的任务，认真分解落实，明确职责，责任到人。

二是抓考核。政府招商引资的目标任务和考核指标应被设计为与支撑国内生产总值（GDP）强关联的结果性考核指标，应该化繁为简，抓住关键考核指标予以优化。建议招商引资指标重点考核招引项目一段时间内的产值、营收、税收、就业人数等结果性指标即可，至于过程性指标建议能不规定就不要规定，能不考核就不要考核。

三是强保障。进一步破解要素制约，科学配置土地供给，充分消化、利用现有储备土地，积极盘活低效用地，实现“腾笼换鸟”，努力提高资源配置和集约利用水平。完善用地需求解决方案，积极对接上级部门，协调解决项目用地需求，在可操作范围内最大限度调控可利用资源，确保好项目特别是大项目的落地。加强与金融部门的沟通协调，通过信贷融资、民间融资、上市融资等多种途径不断拓宽融资渠道。

（八）加强招商队伍建设

目前，各地区或园区一般设有投资促进局或者招商办，主要负责所在地区的招商引资工作。但客观来讲，大部分地区的政府招商部门工作缺乏主动性，只会根据领导或者上级部门交代的事项，联系接待一下企业，做得最多的是办文、办会、数据统报等工作，而项目谋划、项目招引、专业判断、招商洽谈等工作却成了副业。

近几年，随着政府招商引资工作任务越来越重，对招商部门的要求也越来越高，在当前专业招商、精准招商的大背景、大趋势下，要不断提升招商部门的编制规格，充实招商部门的人员力量，要不断引入第三方招商服务团队，改组成立市场化运作的招商团队，使招商部门朝着市场化、公司化方向进行改革。通过挂职交流、外地考察学习、专题培训等方式，在驻点办事处、市直单位以及市属国有企业选拔培养一批精通产业政策、熟悉产业市场、擅长商务谈判和资本运作的人才。发挥科研院所、企业的资源优势，结合产业发展需要，选聘一批懂产业的教授、企业家等作为市政府招商顾问。

第三章

新时代下招商引资政策方向研究及对策分析

第一节 各地制定招商引资政策的主要方向

在招商过程中，大家每接触一个客商，十有八九都会被问及："本地有什么优惠政策？""与周边地区相比有什么特别优势？"在交流过程中，相信大家说得最多的是："我们这里经济发展相对落后、产业基础相对薄弱，财力有限还要保障'三保'，压力巨大，出台的招商引资或者产业发展政策中最关键的扶持资金数额与发达地区相比没有优势，甚至少得可怜。"很多企业在沟通前期还谈得比较顺畅，可一旦了解到当地没有真金白银的扶持政策后，就会用"脚"投票，最后到其他条件更好的地区去落地了。所以，部分地方政府为争夺项目，加码招商政策，互挖存量企业，甚至内耗成了地方"互害"。其中，滋生的政策无效耗损、"超常规优惠"等问题，不仅加剧了地方负担，更助长了部分企业"短期套利"的心态，不利于高质量发展，甚至形成了恶性竞争，相互之间越来越"卷"，到最后即便项目落了地，也大多是赔本赚吆喝。政府之前所做的承诺，答应提供的扶持政策，也可能因为没有财力保障而难以兑现，最终，会被企业说成地方营商环境不好，政府没有诚信，长此以往，一传十，十传百，地方形象将会严重受损。

一手抓扶持政策，一手抓营商环境，是绝大多数地区现阶段、现有条件下较好的解决办法。在科学可行的本地产业发展规划的基础上，制定好、执行好有针对性的产业发展支持政策是至关重要的。

对欠发达地区而言，在没有特殊资源、特别区位的前提下，地方有特殊的政策也是吸引客商来投资的优势，这些政策因地区的资源禀赋、发展需求和竞争环境的不同而有所差异，体现了地方招商引资的特色和吸引力。

目前，大部分地区都只是从以下几方面制定招商引资政策。一是企业对地方的贡献，例如，针对特定产业或企业类型，对在企业所得税和个人所得税等方面对地方经济作出贡献的企业和个人给予奖励。二是在土地政策方面，以低于市场价格提供工业用地、对土地出让金进行减免或允许分期缴纳、优先保障重点项目的土地供应等。三是为新入驻企业提供开办补贴、研发补贴、设备购置补贴、贷款贴息等财政补贴。四是给予企业高层次人才购房补贴、生活津贴、子女入学便利、家属就业安排等人才引进政策。五是对部分行政事业性收费进行减免，降低企业的运营成本。六是设立产业引导基金、提供担保贷款、给予融资支持奖励等。七是为重点招商项目开辟行政审批绿色通道，简化审批流程，缩短审批时间。八是制定知识产权保护政策，为创新型企业知识产权申请和保护提供重要支撑。九是在水、电、气等能源价格上给予优惠或保障供应。十是对出口型企业提供出口退税优惠、外贸展会补贴等外贸支持政策，使政策大众化。目前，很多地方对出台政策都抱有一种“你有我也有”“你没有我可以想办法有”的心态，这种心态造成部分地区形成了招商引资恶性竞争，政策竞争的白热化直接导致不良企业到处“割韭菜”，最后导致项目烂尾或停产，变“招商引资”为“招商引灾”。

第二节　南雄市招商引资政策与周边地区对比分析

南雄市是广东省东北部较落后地区，地方财政薄弱，产业发展水平较低，特别是制造业发展体量小、质量不高、投资不大，难以达到省级层面制定的奖补政策要求。南雄市虽然在企业所得税方面享受了优惠政策，但并未享受到其他大部分优惠政策。而南雄市三面又与江西赣州的信丰、大余、龙南等地接壤，在政策上也与这些周边地区形成了鲜明对比。

2019年，广东省人民政府发布了《关于支持省级现代农业产业园建设的政策措施》。2021年，广东省人民政府出台了《广东省加快先进制造业项目投资建设若干政策措施》。2021年，韶关市人民政府印发《韶关市民宿发展扶持办法（试行）》。此外，在其他方面，韶关市、南雄市人民政府也推出了相关奖励政策扶持产业发展。

（1）固定资产投资：对投资5亿元以上的项目，按照不超过新增固定资产投资额的2%予以奖励。

（2）高新技术企业奖补：对通过高新技术企业认定（含重新认定）的，给予30万元的一次性奖补；对在有效期内完成整体迁移落户南雄市的，给予最高300万元的分期奖补。

（3）品牌扶持：对新认定为国家、省、市级农业龙头企业的，分别给予100万元、20万元、5万元的一次性奖励；对新认定为国家、省、市级示范社和示范家庭农场的，分别给予10万元、5万元、2万元的一次性奖励。

（4）种植养殖设施：新建设的温室大棚或工厂化养殖设施，且固定资产投资100万元及以上的，按照新增固定资产投资额的30%予以奖补，单个经营主体奖补金额不超过100万元/年。

（5）星级乡村民宿：对成功评定为国家、省、市星级（或同等标准）民宿并纳入限额以上住宿企业的，给予奖励。其中，分别给予国家、省、市五星级乡村民宿100万元、80万元、50万元的奖励；分别给予国家、省、市四星级乡村民宿80万元、50万元、30万元的奖励；分别给予国家、省、市三星级乡村民宿50万元、30万元、20万元的奖励。

对比龙南、信丰、大余等地的招商引资政策情况，南雄市虽然在招商引资项目金融扶持方面占优势，但在土地出让价格、企业固投奖励、企业租赁厂房奖励、企业纳税奖励、企业上市奖励、对企业人才的奖励方面，竞争力明显不足。

土地出让价格方面：经梳理后对比收集到的资料发现，龙南、信丰两县（市）工业用地出让价格均低于6万元/亩，而南雄市工业用地价格普遍在13万元/亩以上。

企业固投奖励方面：南雄市人民政府在《关于促进民营经济高质量发展的实施意见》中明确支持重大工业项目加快投产上规，对固定资产投资5000万元（含）以上、1亿元（含）以上的，按“就高不叠加”原则分别给予30万元、50万元的奖励。但周边县（市、区）如龙南市，明确工业项目自项目签订土地出让合同之日起3年内，对固定资产投资5亿元（含）以上或其中一年度纳税2000万元以上的，按每亩最高4.93万元进行奖补。

企业租赁厂房奖励方面：南雄市本级并无企业租赁厂房奖励，但大余县有厂房租金奖励，由项目企业先行缴交租金，待获得国家认定入规后申请奖补，自签订租赁合同之日起5年内，前3年根据当年度实际自用面积——含配套设施（不超过厂房面积的20%）给予厂房租金等额奖励，不超过8元/（平方米·月）（含税），第4年、第5年按50%给予奖励。期满5年后，需购置的可按市场评估价优先购买。

企业纳税奖励方面：南雄市严格按照中央有关规定废止税收返还政策，并且通过市财政局、市司法局、市市场监督管理局、市审计局等多部门的审查，有效防止新涉税政策出台。但周边县（市、区）在企业纳税奖励政策上采取了宽松姿态，直接在对外招商引资政策宣传方面明确对工业企业采用纳税奖励、税收地方留存奖励等政策，比如大余县的地方经济贡献奖励，自项目投产之日起5年内，前3年按当年度地方经济贡献的100%给予奖励，第4年、第5年按当年地方经济贡献的50%给予奖励。

企业上市奖励方面：南雄市有落实企业上市融资补贴政策，对注册地在南雄的企业，在主板、创业板上市的，市财政给予500万元的奖励；对在新三板挂牌上市的，市财政给予50万元的奖励。但信丰县在企业上市可享受省、市财政奖励的基础上，对在主板、中小板、创业板、科创板成功上市的企业，给予县扶持资金2000万元的奖励；对在新三板成功挂牌上市的企业，给予县扶持资金100万元的奖励，相关补贴力度远远大于南雄市。

对企业人才的奖励方面：江西省的龙南、信丰、大余等县（市、区）均明确规定，对企业高管将依据个人所得税地方留存部分给予奖励，其他奖励还涉及子女教育、医疗保障等方面，但南雄市政策并未涉及相关内容。

第三节　新时代招商引资政策优化路径建议

2024年8月1日起，《公平竞争审查条例》正式实施，全国统一大市场建设迎来关键节点，该条例第十条规定："起草单位起草的政策措施，没有法律、行政法规依据或者未经国务院批准，不得含有下列影响生产经营成本的内容：（一）给予特定经营者税收优惠；（二）给予特定经营者选择性、差异化的财政奖励或者补贴；（三）给予特定经营者要素获取、行政事业性收费、政府性基金、社会保险费等方面的优惠；（四）其他影响生产经营成本的内容。"第十一条规定："起草单位起草的政策措施，不得含有下列影响生产经营行为的内容：（一）强制或者变相强制经营者实施垄断行为，或者为经营者实施垄断行为提供便利条件；（二）超越法定权限制定政府指导价、政府定价，为特定经营者提供优惠价格；（三）违法干预实行市场调节价的商品、要素的价格水平；（四）其他影响生产经营行为的内容。"

这两条规定意味着，未经国务院批准，不得给予特定经营者税收优惠，即以往各地招商引资中采用的"税收优惠"式、

“奖补”式招商引资模式将要走到尽头。在过去，一些地方盲目使用“税收奖补”招商模式，导致一些投机的“候鸟企业”抓住了机会，将项目短期搬迁到当地。这些项目从短期来看有利于地方经济发展，但从长远来看，难以助力地方经济的持续发展。

在税收优惠政策逐渐退出历史舞台的今天，如何创新招商引资方式和制定政策，成为摆在地方政府面前的一道难题，尤其是在清理税收优惠的背景下，税收返还已不再可行。地方在出台优惠政策招商引资方面要转变观念，不要对保留政策“自留地”抱有幻想。地方在政策环境创造方面，要从“小优惠”转向“大优惠”。地方政府要考虑本地发展与这些国家级发展规划的优惠政策的衔接和参与问题，争取能够被国家优惠政策所覆盖。

根据自身的实际状况，对比周边地区的政策优势，南雄市只从奖励补贴政策上去竞争，可能不会有显著效果，若要提升政策的吸引力，可以集中现有的地方财力，加强政策的针对性，把好钢用在刀刃上，重点扶持重大产业项目的招商建设，提升政策优惠点对点的力度；利用好地区协作产业帮扶资金，重点奖励在人才引进、科技研发、产品销售和售后服务等方面有很大投入的入驻“反向飞地”企业；针对不同规模、不同行业的企业，制定差异化的优惠政策，提高政策的精准度和吸引力。本研究对新时代招商引资政策优化路径有以下八点建议。

（1）重点扶持当地特色产业项目。通过深入调研地方产业优势和发展需求，制定符合地方产业特点和发展方向的扶持政策，突出对重点产业和新兴产业的扶持。对已经落地建设的如精细化工、农药制剂等特色产业给予重点扶持。

（2）重点奖励制造业重大投资项目或产业链上下游项目。对已经落地投资超5亿元的行业产业给予重点奖励；对招商项目的上下游产业链项目在政策上给予重点扶持奖励，例如，奖励地方引进的数控机床制造产业上下游企业，重点扶持铝制品上下游产业的入驻建设。

（3）重点奖励对地方贡献大的劳动密集型企业。同时，考虑对乡村振兴车间企业的奖励。

（4）重点出台针对企业员工住房、交通、医疗、旅游以及子女读书等方面的特殊政策，让企业能招到工，留得住人才，感受到温暖。

（5）重点出台针对企业生产要素成本方面的政策，例如，补贴电费、物流运输费用、厂房租金等，降低企业投资运营成本。

（6）成立政策兑现联审联批部门，实现“一站式”服务、“一窗式”办理，提升政策兑现的便捷度。

（7）加强与周边区域合作，共同出台高铁高速沿途两端发展的扶持政策。通过政策引导企业参与区域经济合作，与周边城市形成协同发展格局，共同吸引投资。

（8）将财政补贴转变为资本招商、基金招商。基金招商的核心内涵包括成立产业（引导）基金，物色一家龙头企业，通过投资和并购的方式对这家龙头企业产生一定的影响力乃至控制力。这里面还需要民资和国资相互借力和打配合。地方政府通过设立基金，并设定相关条件，吸引投资项目进入当地发展，以推动经济结构转型升级。

今后，地方招商引资将无法依靠财税让利、土地优惠等“硬优惠”政策来吸引企业。地方在招商引资工作中，要在营商环境、服务能力、服务创新、城市综合生活配套、城市宜居性、城市文化等方面多下功夫，在模式上多采用“资本招商”等模式，以更好的营商环境和服务能力来吸引和留住企业。

第四章

开展新能源产业项目招商的利弊研究

实现碳达峰及碳中和，发展新能源产业是最重要且最有效的举措。新能源是指除传统能源之外的各种能源形式，包括太阳能、风能、生物质能、地热能和海洋能，以及由新能源衍生出来的生物燃料和氢所产生的能量。近年来，在“3060”双碳目标的要求下，众多新能源企业轮番到县镇村申请建设光伏和风电项目，然而有些镇村不清楚这类型的项目对地方的贡献和短板，下文将借用南雄市光伏产业调研情况，对山区地方发展光伏新能源的利弊加以研究阐述并提出对策及建议。

第一节　南雄市镇村光伏产业项目现状

南雄市具有气温较高、热量充足等特点，发展光伏产业具有较大的资源优势。目前，国家给予南雄市相关优惠政策的支持和鼓励，因此，有许多企业纷纷在南雄市投入光伏产业这一行业。从目前来看，南雄市正处于发展期，需要政府支持的产业较多，而发展光伏产业具有投资金额大、占地面积大、土地使用年限较长、地方收益较低等特点，因此，南雄市在光伏产业上的经济任务十分繁重。

第二节　南雄市光伏发电项目投资与地方收益情况

一、投资收益分析（以中×建投的光伏电站为例）

装机容量为10兆瓦的光伏电站占地面积为200亩，投资约为4500万元，运营期为25年。南雄市年平均发电950小时，年上网电量为950万度，含税电价为0.453元/度，关于增值税及附加，电站发电前3年有进项税进行抵扣，不需缴纳增值税，剩余22年预计缴纳增值税及附加1210万元；企业所得税适用“三免三减半”优惠政策，投产3年后预计开始缴纳企业所得税605万元，运营期25年预计缴纳1815万元税额。年亩产税收为0.3630万元；土地租金为土地所有者获取，大致每亩200～400元。这样算下来，企业做光伏项目每亩地一年要缴纳3650元左右，给土地所有者每年约几百元。对于“渔光互补”和“农光互补”项目所产生的收入，要根据实际情况另算。

二、地方收益分析

在增值税方面，国家出台过与光伏发电项目有关的税收优惠政策，比如《财政部 国家税务总局关于光伏发电增值税政策的通知》及《财政部 国家税务总局关于继续执行光伏发电增值税政策的通知》。这些政策的主要内容为对纳税人销售自产的利用太阳能生产的电力产品，实行增值税即征即退50%的政策。

在近期出台的支持企业复工复产税收优惠政策中，增值税小规模纳税人税率降为1%。因此，光伏发电项目产业对地方纳税贡献较少。

在企业所得税方面，国家发布了《财政部 国家税务总局关于执行公共基础设施项目企业所得税优惠目录有关问题的通知》《财政部 国家税务总局 国家发展改革委员会关于公布〈公共基础设施项目企业所得税优惠目录（2008年版）〉的通知》两个通知，通知规定了由政府投资主管部门核准的太阳能发电新建项目，符合相关条件和技术标准及国家投资管理相关规定，于2008年1月1日后经批准的公共基础设施项目，其投资经营的所得，自该项目取得第一笔生产经营收入所属纳税年度起，第一年至第三年免征企业所得税，第四年至第六年减半征收企业所得税。目前，光伏发电行业中企业所得税税率为25%。

南雄市税务系统登记的6家光伏发电企业，从登记之日起至2020年3月30日缴纳的税收总额为675.53万元，其中增值税为186.47万元，企业所得税为0.46万元（见表4-1）。由于光伏产业项目是新能源项目，享受国家优惠政策的支持，因此，其为地方的收益贡献就整体而言并不大，且大多数缴纳的税额为个税、房产税等税种，增值税和企业所得税所占份额较低。

表4-1　6家光伏发电企业从登记之日起至2020年3月30日缴纳的税收金额

序号	纳税人名称	登记日期	申报销售收入/万元	入库税款/万元	其中：增值税入库税款/万元	其中：企业所得税入库税款/万元
1	广东××新能源综合开发有限公司	2017/11/3	221.51	3.35	0	0
2	中×××南雄新能源有限公司	2015/8/18	4523.36	426.42	183.71	0.26
3	南雄市×××农业有限公司	2017/12/28	113.42	1.87	0.73	0
4	南雄市××光伏电力有限公司	2016/10/26	63.57	0.6	0.38	0.2
5	南雄市××光伏发电有限责任公司	2016/9/9	78.58	4.12	1.65	0
6	中国××××集团韶关电力有限公司	2015/11/6	68.8	239.17	0	0
合计	—	—	5069.24	675.53	186.47	0.46

注：表内相关数据统计时间为该企业登记日期至2020年3月30日。

第三节　对南雄市镇村光伏发电项目存在的问题的探究

一、光伏项目在用地、用林、涉农方面的问题

用地方面。光伏扶贫项目及光伏复合项目的光伏方阵在不破坏农业生产条件的前提下，可不改变原用地性质，使用永久基本农田以外的农用地。

用林方面。对于森林资源调查确定为宜林地而第二次全国土地调查确定为未利用地的土地，应采用“林光互补”用地模式。采用“林光互补”用地模式的，光伏电站要确保使用的宜林地不改变林地性质，光伏电站建设必须依法办理使用林地审核审批手续。采用“林光互补”用地模式的，电池组件阵列在施工期按临时占用林地办理使用林地手续，运营期双方可以签订补偿协议，通过租赁等方式使用林地。

涉农方面。由于光伏板下光照不足，空间有限，且光伏板需要定期检查、维修和保养，因此不建议发展农业产业，引进的光伏产业用地也要避免占用耕地，特别是基本农田。

二、光伏项目的管理与监督不明确

受建设成本下降等因素影响，光伏发电产业目前存在圈地、抢夺资源等无序竞争的现象，截至2019年3月底，已有6家企业拟进入南雄市投资建设光伏项目。就目前情况而言，申

请建设光伏项目需先在发改部门进行备案，但此备案仅作为登记使用，并不代表其建设的就是农光互补型光伏项目，需在项目建成后再判断是否为农光互补型光伏项目。因此，较多投资方以农光互补型的名义在发改部门进行备案，在项目投产实施后却不是真实的农光互补型光伏项目，但却还享受着国家的优惠政策。相关部门之间分工不明确，导致后续管理与监督难以实施。

三、地方电力供大于求，并网空间有待拓展

由于南雄市的新能源发展迅猛，且被定位为粤北生态发展区，用电负荷发展缓慢，本地难以实现消化，因此发电量需大量外送，目前，已明显呈现供给大于需求的现象。

需求量：2019年南雄市售电量为7.7534亿千瓦时。

供给量：2019年南雄市供电量为7.964亿千瓦时。

并网：基于韶关东北片电网网架，南雄仅有3回220千伏线路与韶关电网相连，地区风险控制断面在夏季大负荷运行方式时，为控制220千伏墨樱线跳闸后，220千伏雄董线负荷不超过430兆瓦，雄州电厂需窝电约100兆瓦。

如果南雄市要引进大容量的光伏项目，就必须通过新建500千伏线路，直接接入500千伏曲江变电站并网。那么，需建500千伏变电站，不仅投资大，占地面积也大。

第四节　南雄市发展新能源项目对策及建议

首先，通过调研和征询发改等相关部门的意见，笔者发现南雄地方的电力供给明显大于需求，如若引进大容量的光伏产业项目，则需要将电向外输送，这就需要供电局配合投资建设500千伏的变电站；其次，就目前在镇村主要从事光伏发电经营的6家企业的缴纳税额情况进行分析发现，虽然我国优惠政策的支持促进了光伏产业的发展，但这些企业缴纳的税额对地方财政收入的贡献并不显著；再者，发展光伏发电项目通常需要较大的占地面积，且项目基本运营时间长达25年，这并不太利于其他产业的发展。虽然很多光伏发电项目以"农光互补"为名义进行了备案登记，但在投产之后，却并不是真正的"农光互补"，而是借政策之名，行谋私之实。

针对以上存在的问题，笔者结合地方发展对镇村发展新能源项目提出以下建议：

第一，若有优质且背景良好的投资公司，可与扶投公司合作开发，实实在在引进农光互补型的光伏发电项目，在有关单位的严格监管下运营，依法纳税，从而带动农户脱贫致富，促进地方经济的发展。

第二，地方政府应组织牵头，出台"光伏电站建设发展规划方案"，各镇（街道）、相关职能部门要大力支持并配合该方案的编制工作。

第三，镇村在集中新建光伏电站项目时一律先上报当地政府，经同意后方可开展项目前期工作。

第四，各镇（街道）要监督辖区内各村委会、社区和农户，不得与未经市政府同意建设的光伏电站项目投资方私下签订土地、林地租赁协议。否则，签订的协议视为无效协议。

此外，结合南雄市的资源和环境现状，在抢抓实现碳达峰及碳中和发展机遇方面，重点招引新能源汽车产业、生物质能产业、竹结构新材料产业等项目。

新能源汽车产业。氢能源是目前已知的所有能源中最为清洁的一种，被称为“最理想的新能源”。近年来，我国氢气年产量已逾千万吨，成为世界第一大产氢国；金属储氢材料产销量超过日本，成为世界最大储氢材料产销国。相关数据显示，2014—2018年我国氢气产量呈逐年递增趋势，其中，2018年中国氢气产量约为2100万吨。未来，我国氢能产量也将维持增长趋势。氢能源的应用主要在氢能源汽车的推广方面，氢燃料电池是氢能源汽车的关键部件，而加氢站是支撑着氢燃料电池车应用的基础设施。

据不完全统计，在已运行及在建的氢能产业园中，截至2020年5月，华东地区布局的氢能产业园数量最多，达到18个；其次为华南地区，氢能产业园数量为6个；华北地区氢能产业园数量为5个；东北地区、西南地区各为2个；西北地区有1个氢能产业园。（数据来源：中商产业研究院《2020年中国氢能产业园市场前景及投资研究报告》）

目前，国内形成京津冀、华东、华南及华中四大区域性氢能产业集群。四大氢能产业集群覆盖了制氢、储运及应用等领域。其中，氢燃料电池及氢燃料电池车是重要的发展方向，并以此形成各自的产业配套、商业应用模式等。目前，全国各地加快布局氢能产业，除湖南株洲外，浙江嘉兴、广东广州等地纷纷规划、建设加氢站及相关基础设施，加快氢能产业布局进程。

从区域分布来看，国内氢能产业主要集中在经济发达的东南沿海地区，如长三角地区、珠三角地区。这些地区分布着制氢企业和加氢站，形成了多个氢能产业集聚区，包括上海氢能产业集聚区、广东佛山氢能产业集聚区、浙江台州氢能产业集聚区、江苏如皋氢能产业集聚区。此外，湖北也有氢能产业集聚区。

生物质能产业。生物质资源可转化为多种能源形式，最终以沼气、生物柴油和燃料乙醇等形式成为全球生物质能源燃料的一部分。南雄市农业以种植黄烟和水稻为主，收成后，留下大量的烟秆和稻秆，可通过生物质能利用，生产生物质能。根据数据预估，每年南雄市仅烟秆和晚稻秆就有40万吨，可为生物质能利用提供充足的原料。

竹结构新材料产业。充分利用南雄市及周边地区近160万亩竹子资源优势，聘请竹材重组或碳化技术专家，“以竹代塑”，生产可用于替代水泥建材的碳化竹编复合管、土木格栅、竹结构环保材料，实现节能减排从源头上低碳化，从材料上绿色化。

结合南雄市区域位置及资源优势，建议在抢抓“双碳”发展机遇的进程中，招商方向兼顾氢能电池项目、制氢及氢储能项目、氢燃料汽车项目、竹结构新材料产业项目以及生物质能源燃料项目。

第五章

“反向飞地”招商必要性分析和对策建议

近年来，“反向飞地”“科创飞地”正在成为一些地区突破行政区划壁垒和空间限制，实现“飞出地”资源、政策与“飞入地”技术、人才有机融合的“关键一招”，在产业孵化、招商引资、招才引智方面发挥了重要抓手作用。

相较于传统的产业飞地，“创新飞地”主要是指后发展地区主动到先发展地区建立飞地，多聚焦高新技术产业，通过创新中心、孵化器、实验室等方式进行集约化发展，也被称为“科创飞地”“双创飞地”。以长三角G60科创走廊芜湖（上海）产业创新中心项目为例，该中心是安徽省首个在上海购置土地自主建设的“科创飞地”，旨在吸引上海优秀创业团队入驻孵化，引导企业在芜湖完成产业化转型，从而实现“借梯登高、借脑研发、柔性引才”。

第一节　南雄—东莞南城开展“反向飞地”的必要性分析

对于缺乏特殊资源，没有区位优势，缺少资金、技术、人才等方面资源的南雄市而言，除大力开展地方招商引资外，也可以借助飞地模式，反向“飞”出去，到发达地区进行招商引资。南雄市可以建立“反向飞地”经济合作体制，打造创新园区或基地，共同构建一个集技术研发、人才招引、成果转化、企业孵化、产业联动为一体的“反向飞地”创新中心，进而接触发达地区的先进产业和技术，培养创新人才，为本地吸引和留住高端人才提供平台。同时，南雄市可以为本地人才提供在发达地区学习和锻炼的机会，促进科技创新成果在本地的转化和应用，吸引高端产业项目落地，推动本地产业结构优化和升级；在发达地区设立飞地，利用飞地拓展市场渠道，接近目标市场，了解市场需求和动态，这有利于拓展产品销售渠道，提高市场占有率；通过引入优质项目和企业，增加税收和就业机会，带动相关产业发展，从而推动欠发达地区经济的快速增长，不断提升欠发达地区的品牌知名度和影响力，促进与发达地区的经济合作与交流，实现优势互补以及区域协调发展、共同发展。

南雄市是广东省内欠发达地区，近10年来，东莞市一直对口帮扶南雄市的经济发展，出钱、出力、出人。东莞市南城区是东莞市的政治中心，经济实力在东莞市名列前茅，其一直不遗余力地支持和帮扶南雄市产业发展，想尽办法变“输血”为“造血”，在东莞市建设南雄市“反向飞地”便是其中的重要举措。

一、建立“反向飞地”是南雄企业发展的迫切需要

目前，南雄市的企业大多数属于中小微企业，因受到地域因素及产业基础配套、交通物流、招才留才等方面的约束，大多数企业的技术研发中心及销售公司都设置在广州、深圳、东莞等珠三角城市。南雄市的企业仅作为生产基地，且呈现“零、散、乱”等特点。这一方面大大增加了企业成本，削弱了成品竞争力，阻碍了企业发展；另一方面也削减了南雄市财税收入，降低了企业对当地的贡献度。“反向飞地”的建立将

打破地缘限制，实现科创资源的异地集聚和跳跃转移、输送，为企业快速成长注入新动力，为南雄市经济高质量发展蓄势赋能。

二、建立“反向飞地”是南雄招商引资的客观需求

招商引资工作是推动地方经济的内驱动力，特别是自2024年广东省委、省政府召开招商动员大会以来，各地都迅速行动起来，采取各种方法招商、抢商。面对招商热潮，南雄市招商引资工作仍存在招商信息收集渠道单一（尤其是在收集及考察高质量项目时总感觉比别人“慢一步”）、项目转化率低、签约项目质量不高及产业关联度低等问题。“反向飞地”是南雄市对外招商的窗口，更是南雄市招商的“前沿观察哨”，有利于打通信息链，成为南雄市招商引资的“千里眼”和“顺风耳”，从而有效地破解招商工作的难点、痛点。

三、建立“反向飞地”是南城帮扶工作的具体体现

根据新一轮对口帮扶协作的工作部署，东莞市的南城街道计划利用2000万元帮扶资金在东莞南城购买1500～1800平方米土地，建立“南城—南雄对口帮扶协作反向飞地科创中心”（暂定名），充分利用政府的有形之手和市场的有效力量，将“反向飞地”打造成被帮扶地融入粤港澳大湾区的招商平台、招才平台、研发平台、投融资平台和推介平台，同时拓展南城—南雄产业共建的纵深空间，实现产业共建的“双向奔赴”。

第二节 探究开展“反向飞地”的几种模式

欠发达地区开展“反向飞地”招商，可发挥地方政府政策、资源优势，稳步建立起“前店+后厂”“总部+基地”“研发+生产”“创新+孵化”的产业合作模式，培育壮大南雄经济新的增长点、增长极，具体模式如下。

第一，“研发（孵化）在外地+生产在本地”模式。在发达地区设立研发中心或孵化器，利用当地的人才、技术等优势进行产品研发和创新，对创新项目进行孵化和早期培育，待项目成熟后，将生产环节放在欠发达地区，利用当地的土地、劳动力等资源降低生产成本。

第二，“销售在外地+后台在本地”模式。将企业的市场营销、商务拓展等前台业务布局在发达地区，以获取更多的市场信息和资源；将生产制造、物流配送等后台业务放在欠发达地区。

第三，“借智引才”模式。在发达地区设立人才工作站或联络点，吸引高端人才为欠发达地区的企业提供智力支持和技术服务，同时为本地人才提供进修和交流的机会。

第四，“共建产业园区”模式。欠发达地区与发达地区合作共建产业园区，共同制定规划、共同招商引资和共同运营管理，实现资源共享和互利共赢。

第五，“总部在外地+分支机构在本地”模式。吸引发达地区企业将总部设在外地，同时在本地设立分支机构或生产基地，以促进产业转移和扩散。

第六，“异地资本投资”模式。欠发达地区在发达地区设立投资公司或基金，投资有潜力的项目，然后引导这些项目在本地落地发展。

第三节　南雄—东莞南城建设“反向飞地”的对策建议

伴随着粤港澳大湾区建设等战略推进实施，不断出现各种飞地，如“反向飞地”“科创飞地”等。不过，由于大多数“科创飞地”分属两个不同的地区，要彻底打破行政壁垒难度较大，在实际操作中仍存在诉求不一致、权责不明晰、激励不完善和联系不紧密等问题。尤其是跨省的“创新飞地”，在人才资质认定、科技成果产业化、利益分配和服务保障等方面缺乏省级层面的统一协调部署，难以构建有效的共享机制。

针对飞地模式所带来的诸多亟待破解的问题，地方政府可以通过科学规划、紧密合作、完善服务等措施，强化“科创飞地”建设。“飞出地”政府要统筹考虑自身资源禀赋、区位条件、产业基础，合理选择“飞入地”。地方政府也需通过双方政策体系引导，在建设空间、金融支持、人才认定、创新券兑付等方面积极破题，推动“科创飞地”建设；应鼓励和支持本地园区精细化工企业、创新型新材料企业、投资机构等多元主体，采取购买、自建或者租用等形式，主动到高端人才和科研机构集聚地建设“科创飞地”。

一、建立健全共享机制和服务体系

（一）完善利益共享机制

共建双方要加强沟通交流，明确“科创飞地”的功能定位、协商机制和运营原则。在此基础上，规范理顺飞地运营中的利益共享机制，可约定收益分配比例、佣金比例，或依据出资比例、招引人才或项目的贡献度、咨询服务成效等对收益进行合理配置，同步构建利益补偿机制，尤其需要对属地公共服务成本进行适当的利益补偿。通过高等院校、科研院所与创新企业强强联合，组建跨区域、跨部门、跨领域的研发团队，协同解决技术难题，提高“科创飞地”的效益。为调动南城、南雄两地政府的积极性、主动性，体现共建共赢、互利互惠的良好局面，“科创飞地”应建立利益共享机制。该机制主要体现在入驻科创中心的企业每年缴纳的经营性税收上，税收由注册地负责征缴，税收（地方留成部分）原则上全额归“飞出地”——南雄所有，每年核算一次，但对于重大项目，双方可协商确定分享比例。

（二）完善金融服务体系

“飞出地”和“飞入地”的政府应完善财政支持机制，强化资金政策保障。例如，可出台财政扶持产业基金、政府投资引导基金，对企业科技创新、品牌建设等予以资金补助；也可引导金融机构优化服务流程，深化异地授信等符合“科创飞地”发展规律的产品结构与服务，综合运用股权投资、引导基金等，鼓励金融和社会资本加大投入，支持“科创飞地”内企业发展，实现“创新研发—成果孵化—产业化运营”，保障入驻“科创飞地”的项目实现可持续发展并不断壮大。

（三）科学实施运营服务管理

科创中心成立后，可采取“政府+企业+第三方运营”的市场化运作模式。政府负责招引企业入驻，服务企业，协助企业解决在生产经营过程中遇到的问题和困难，并指导科创中心运营管理。企业入驻后，与政府签订物业租赁合同，为支持企业做强做大、节约成本，租赁价格应低于市场价格。为进一步优化科创中心营商环境，为企业在日常生活中提供更优质的服务，政府将聘请第三方运营（产业园运营方）为企业的生产、生活保驾护航。

（四）建立工作联席会议制度

为加快推进“反向飞地”工作的有序推进，成立由南城—南雄对口帮扶协作工作队队长任组长，南雄市商务局局长任副组长的南城—南雄“反向飞地”工作领导小组。领导小组下设办公室，办公室设在南雄市招商服务中心，办公室主任由南雄市招商服务中心主任担任，具体负责“反向飞地”协调推进工作。

为规范企业入驻科创中心流程，理顺科创中心运营管理，协调解决入驻企业的实际困难，制定科创中心工作联席会议制度，会议由“反向飞地”工作领导小组组长或副组长主持召开，会议原则上每月召开一次，如有需要，可随时召开。

二、科学制定入驻条件和政策

首先，要科学设置入驻条件。在南雄，企业入驻须符合条件：须为南雄招商引资项目企业（以签订招商投资协议为准）；须为已投产且上一年度产值达2000万元（含）或者年度经营性税收（增值税、企业所得税、个人所得税）达150万元（含）以上的企业。以上条件须同时达到，方可入驻科创中心。项目落户并承诺产品研发成熟后，企业须将生产基地转入南雄经营，重点围绕精细化工、绿色植保、新能源、生物技术（竹纤维）等产业招引。

其次，要建立退出机制。为加强科创中心的管理，实现良性发展，科创中心将对入驻企业每2年进行一次考核，对于入驻2年内经济贡献度低、无实质性进展等达不到考核要求的企业，政府将进行劝退。

最后，出台政策支持企业。为鼓励和支持企业科创发展，做强做大，达到共赢目的，建议政府对入驻科创中心的2年内产值或税收相比入驻前2年产值或税收平均值超20%～30%（含）的南雄企业（含在南雄的生产基地），减免两年物业租金的40%；对相比入驻前2年产值或税收平均值超30%～40%（含）的，减免两年物业租金的60%；对相比入驻前2年产值或税收平均值超40%～50%（含）的，减免两年物业租金的80%；对相比入驻前2年产值或税收平均值超50%（不含）以上的，全额减免物业租金。对招引的研发企业，2年内研发产品取得国家技术专利等荣誉的，减免两年物业租金的50%；2年内研发产品完成试生产的，全额减免两年物业租金。

三、明确督导考评激励措施

一方面，要明确督导方式，实行“每月一通报、每季一调度、年终一考核”制度。“反向飞地”领导小组工作办公室每月对科创中心进展情况进行通报；每季度通过科创中心工作联席会议协调解决入驻企业的困难和问题；年终对“反向飞地”工作队完成任务情况进行考核和通报。

另一方面，要不断完善激励考核机制。若“反向飞地”工作队年度内高质量完成科创中心各项任务，由市组织部门统筹安排2个年度评优指标给“反向飞地”工作队，用于奖励表现优秀的工作人员。对连续2年获得年度考核优秀的干部，可优先考虑提拔任用或职级晋升，对工作不履职、不主动的干部予以清退或年度考核评定为“不合格”。

此外，还需要每年对入驻科创中心企业的生产经营、研发等情况进行考核，对达到科创中心经济指标要求的，根据相关政策规定，减免租金；对5年内未达到科创中心经济指标要求的或受到相关职能部门处罚且情节严重的，进行劝退。

四、合理安排实施步骤

方案制定阶段，规定一个完成时间段，南雄市协同南城—南雄对口帮扶协作工作队全面摸排南雄市企业现状，根据调研情况，制定出台符合南雄、南城两地产业发展“反向飞地”实施方案，切实做到内容翔实、科学合理，具有可行性及操作性。

初步建设阶段（明确时间期限），组建“反向飞地”工作队；确定科创中心选址；制定科创中心相关体制机制；购置科创中心物业；科学规划科创中心功能布局并做好前期的基本装修；购置办公物品等。

规模形成阶段（明确时间期限），“反向飞地”工作队积极动员符合条件的南雄企业入驻科创中心并协助企业做好入驻的相关事宜，推动科创中心形成规模，产生效应，达到预期设定的任务目标。

第六章

科学谋划产业招商定位存在的困惑和意见建议

第一节 科学谋划地方产业招商定位的重要性分析

科学谋划地方产业招商定位可以为招商工作的开展提供正确指引，让招商引资工作有方向可循，可以大大提高招商的精准度和成功率，是助推地方经济高质量发展的重要前提和基础，对实现地方产业的转型升级、提升地方经济综合实力具有不可忽视的重要意义。

科学谋划好地方产业招商定位在多方面都至关重要。首先，有助于提高招商效率。明确的产业招商定位能够让招商工作有的放矢，精准聚焦目标企业和项目，避免盲目招商，从而节省人力、物力和时间成本，提高招商成功的概率。其次，促进产业集聚和协同发展。清晰的产业招商定位有利于吸引相关产业链的企业，从而形成产业集群。企业之间能够实现资源共享、技术交流和协同创新，提升整个产业的竞争力和创新能力。最后，优化资源配置。通过科学规划，可以充分考虑地方的资源禀赋、基础设施条件和市场需求，将有限的资源集中投入具有发展潜力和优势的产业领域，实现资源的高效利用。合理的产业招商定位有助于地方构建多元化、互补性强的产业结构，避免过度依赖某一单一产业，可以增强地方经济的稳定性和抗风险能力，降低经济波动对地方经济的冲击，不断提升地方的品牌形象和吸引力。具有特色和明确方向的产业招商定位有助于塑造地方的独特品牌，吸引更多优质企业和人才的关注和流入，为地方经济的持续发展注入活力。

第二节　谋划产业招商定位存在的困惑

“不识庐山真面目，只缘身在此山中。”政府招商人员在面对地方众多产业领域时，往往会很迷茫，难以准确判断哪些产业具有长期发展潜力和本地适应性，这就导致他们在产业选择上犹豫不决。例如，南雄拥有恐龙文化、红色文化、姓氏文化等诸多文旅产业资源，每个产业都具有独特性和市场影响力，但每个产业都没有做出特色和品牌效应。要重点发展哪方面产业，实在难以选择，这成为历届政府的烦恼。而且，周边地区可能在类似产业上已经具有一定的基础和优势，面对区域竞争压力，招商人员对于如何在竞争中突出自身特色和差异、吸引优质项目落地存在困惑。例如，发展恐龙文化，在广东省河源市已经设有恐龙文化园，其名声早已在外，南雄发展恐龙文化在同一个相近区域内是否有发展空间？还有个别地区缺乏长远规划视角，容易受到短期利益和政绩压力的影响，忽视产业发展的长期趋势和可持续性，导致招商定位缺乏前瞻性，对本地特色资源优势认识不清，没能充分挖掘和整合本地的自然资源、人力资源、产业基础等独特优势，导致在招商定位时无法准确依托自身优势进行规划。招商人员如果对产业市场需求变化、行业技术创新趋势等了解不够及时和深入，对市场动态把握不准，很容易使得招商定位与市场实际需求脱节，造成随大流、想到哪打到哪、朝令夕改、接到投资什么的客商就想发展什么产业的局面，最终导致哪个产业都发展不起来。

第三节　招商人员科学谋划产业招商定位的意见和建议

一、谋划产业招商要敢于“无中生有”

当前，各地招商引资、发展产业已经“卷”到极致，“肉”没了、“汤”没了，甚至连“难啃的骨头”都没了。再往后只会越来越困难，连“难啃的骨头”都得自己去找。干工作讲求纲举目张，干好招商引资工作一定要以本地区主导产业的发展规划作为总抓手，这样才能做到心中有数、运筹帷幄。如果不想陷入恶性循环，因地制宜、科学谋划好本地的主导产业发展规划已然成为关键。

谋划一个地区产业发展规划，不是一件特别难的事，但要科学精准谋划一个招商产业，可就“难于上青天”了。现在有各种第三方专业咨询机构的支持，各地“高大上”的产业招商规划比比皆是，但能沉得下来、深得进去、接地气的产业招商规划一定是凤毛麟角。在谋划产业招商过程中，政府招商引资的部门，还有相关领导，一定要用心、用情、用力参与其中，只有将产业发展、空间规划、资金测算、政策保障等重点内容有机统一，才有可能出“干货”，才有可能在招商引资工作中赢得主动权。

要谋划好本地的产业招商方向，需要在对本地区产业发展现状有清醒的认识的基础上，善于谋划未来主导产业。谋划产业如同雕刻师创作作品，往往是心中有“产业”的人，才能“点石成金”，才能塑造“产业”，或者“无中生有”，变出“产业”。

南雄市绿色植保产业园是2022年国家八部委联合发文在“十四五”期间发展农药产能的重点园区。早在2020—2021年期间，广东省农业农村厅就有派专人到广东省各地区开展调研和产业摸查，如果论产业基础和区位等，在南雄发展农药产业没有特别的优势，因为这里既没有连片的化工用地，也没有专门生产农药的企业在园区落地。但在2021年，南雄产业转移工业园管委会敢于抢抓机遇，瞄准国家关于各地农药企业在未来若干年全部进入专业园区，便于统一管理这一要求，主动对接省农业农村厅植保植检处，积极准备申报材料并上报，抱着“努力了不一定有希望，但不努力就一定没希望”的心态，万一拿下来，就会让南雄市在当前严重“内卷”的招商洪流中，获得更大的底气，变招商为选商，打开招商新局面。2022年初，根据国家八部委《“十四五”全国农药产业发展规划》文件精神，南雄高新区被列入全国31个发展农药产业能点园区之一，是广东省产业集聚度较高、特色鲜明的专业园区，规划建设的南雄市绿色植保产业园区是广东省唯一入选园区。南雄市凭借一股要发展的干劲和热情，硬是争取到将南雄高新区纳入发展农药产能重点园区。在一段时间内，农药企业纷纷主动找上门，争相签约选地。截至2024年12月，已有21家企业签约，总投资达28.82亿元，招商由被动变为了主动。

贵州省贵阳市是全国“东数西算”大数据产业集群八大枢纽节点之一，在短短几年时间内，发展迅猛。而当时，几乎所有人都认为贵阳市能发展出大数据产业是个奇迹，因为无论是资金、技术还是人才，贵阳市都没有优势，但为什么贵阳市在2015年就建成了“中国数谷”和中国“国家级大数据集聚发展示范区”，并且让百度、阿里巴巴、腾讯、微软、惠普、甲骨文、戴尔、IBM这些顶级公司都选择了贵州呢？其实道理很简单，是因为当时的贵阳市主政者心中首先有一个“中国数谷”。先是2013年9月，贵阳市与中关村签订合作协议，成立“中关村贵阳科技园”，就此拉开了建设大数据产业的序幕。后来，一位中国电信的领导在贵阳市考察时发现，贵阳市的自然环境有三个特点，十分适合做大数据。一是电费便宜，因为搞大数据产业，一半的成本是电费；二是安全，贵阳有历史记载以来，就没有发生过大地震；三是空气好，没有雾霾，空气稍微过滤一下就可以直接进机房。于是，贵阳市地方政府因势利导，主动向国家争取，大数据产业就这样在贵阳从无到有，并蓬勃发展起来。

无论是南雄市还是贵阳市，都说明产业既不是上级的恩赐，也不是从天上掉下来的，关键还是靠科学的谋划。特别是对许多欠发达地区而言，要做追赶型的经济体，许多产业空白需要填补，并且需要各级领导干部高度重视产业谋划，亲自抓产业谋划，锻炼“点石成金”和“从无到有”的产业观察和谋划能力。

二、谋划招商产业要敢于抢“风口”

小米公司CEO雷军讲过一句话糙理不糙的名言：“只要站在风口，猪也能飞起来！”如果从城市发展和产业浪潮的角度来理解这句话，就是“只要赶上产业浪潮，城市也能飞起来”。

中国改革开放40多年来，经历过几次大的产业浪潮，而每一次浪潮，都会造就一批新兴城市。1979—1984年，东莞的世界纺织工厂异军崛起，终结了布票和老百姓在屁股和膝盖上打补丁的日子；1985—1990年，顺德家电产业迅猛发展，电视、冰箱、空调等家电产品开始进入千家万户，南充生产的摩托车也开始进入少量城市富裕家庭；1991—2000年，中国电信和计算机产业如雨后春笋般一夜间遍布大街小巷，深圳市的华强北成为电子信息产品中心，从家庭电话到BP机、从小灵通到手机、从台式电脑到笔记本，很多不敢想象的通信产品，突然从这里“飞”向全国各地，成为中国公民的标配；2001—2010年，汽车工业不按常理出牌，汽车也神话般开始进入千家万户；2011—2020年，互联网产业突飞猛进，微信、抖音、小红书、拼多多、淘宝、唯品会、京东等网络电子平台走进人们的生活，衍生众多产业包括各种快递物流公司、线下跑腿公司、线上打车公司，逐步改变了国人的生活方式。

当前，根据国家战略性新兴产业规划，大数据产业、大健康产业、新能源汽车、新材料、芯片产业和高端装备制造业正在强势崛起。各地区一定要根据比较优势和产业分工理论，抓住和融入上述产业浪潮，借势发展，借“风口”实现产业发展。相信接下来，以未来制造、未来信息、未来材料、未来能源、未来空间和未来健康六大方向为主的未来产业更是不容错过，地方政府需要提前谋划布局。但一定要注意，各地条件千差万别，必须自行琢磨，不能拿着发达地区的成功经验照搬照抄，搞一个放之四海而皆准的无效规划，而是要结合本地区的实际情况有所为和有所不为，有比较优势的可以抓紧干，没有比较优势的就必须找到从零到一的突破路径才能干，切勿一拥而上、盲目跟风。

2022年2月，国家发改委、中央网信办、工业和信息化部、国家能源局4部门联合发文，将我国东部地区的算力需求有序引导到西部地区，优化数据中心建设布局，促进东西部协同联动，“东数西算”工程正式启动。根据规划，将在京津冀、长三角、粤港澳大湾区、成渝、内蒙古、贵州、甘肃、宁夏等省份与地区启动建设国家算力枢纽节点并规划了8个国家数据中心集群，而粤港澳大湾区枢纽节点的唯一数据集群，就落户在韶关市。韶关市被推上“东数西算”的风口。

近年来，韶关市将数据中心集群建设作为高质量发展的重要着力点，推动从生产制造到IDC、智能计算等数据运用全链条发展。经过几年的发展，韶关市已成为广东数据要素集聚发展区。随着韶关市大数据产业的发展，短短几年间，外界对韶关市的印象，已从一个老牌粤北工业城市变成粤港澳大湾区的算力中心。

三、谋划产业招商要善于摸清“家底”

“知彼知己，百战不殆。”谋划产业，首先要明确地方区域或周边有什么特殊的文旅资源、矿产资源和闲置资源，特别是有竞争力的生产要素成本等，以及有什么可以承接产业落地发展的特色平台，地方能拿出什么特别吸引人的政策。这样一来，在开展招商时才能做到有的放矢，明白自己在什么方面最有竞争力，去接洽什么产业最有效，增强招商项目落地的实效和提高成功率。地方独特的资源是指那些能够突出该地区与众不同、具有独特价值和竞争优势、能够为当地经济社会发展提供有力支撑的资源。

根据“发展极”理论，产业都有向一两个“优势极”聚集的潜在动力。因此，找到并大力发展地区特色产业，使之成为优势产业，进而打造产业发展增长极，无疑是各地在土地、政策等招商条件被约束的情况下，塑造招商引资新抓手最优的选择。

挖掘地方特色资源进行招商引资需要综合考虑多方面因素，充分发挥当地的优势，创新思路和方法，以吸引更多的投资和项目落地。要充分开展地方特色招商资源调研，否则容易导致资源识别与定位不准确，以致未能深入了解和准确判断本地真正具有特色和潜力的资源，从而将一般性的资源误判为特色资源，或者未能发现隐藏的独特优势。挖掘地方特色招商资源，可从学习地方政府或全会报告着手，特别关注发展产业经济和招商引资板块，梳理出地方政府经济发展的大方向，摸清楚是准备发展工业、文旅还是农业等。亲身深入实地调研走访，全面了解当地的自然地理、历史文化、产业基础等情况；通过实地考察、查阅资料找寻独有优势资源，并对收集到的信息进行分析，找出独特且具有竞争优势的资源。例如，独特的自然资源：矿产、森林、水域等；深厚的历史文化遗产：古建筑、传统技艺、民俗风情等。或者根据已有的特色产业基础，将特色资源与相关产业进行整合，形成具有吸引力的产业项目。例如，以特色农产品为基础，发展深加工产业；以旅游资源为依托，打造旅游产业链等。

在挖掘地方特殊资源时，应避免片面关注某一类资源而忽略其他潜在的有价值的资源，资源应涵盖自然、人文、经济、社会等多个领域。确保所获取的资源信息真实可靠，避免基于错误或过时的数据进行筛选。可以从以下几方面重点筛选地方特色资源用于开展招商引资工作。

唯一性或稀缺性。该资源在较大范围或区域内是独一无二或极为罕见的。例如南雄市具有独特的恐龙化石资源——南雄市是恐龙之乡，中国地质博物馆镇馆之宝就是一窝南雄出土的带胚胎的恐龙蛋。恐龙始终是全世界热门话题，而南雄是研究恐龙灭绝的最佳地点，如果能够成功开发出来，必将引起全世界的关注，而在此基础上开发出来的旅游项目也必将能取得成功。

地域文化特色。包括当地特有的传统习俗、民间艺术、历史典故、独特的语言或方言，以及某些地方传承千年的独特戏曲形式、古老的手工技艺等。例如南雄市是中国姓氏文化名都。珠玑巷是广东省仅有的宋代古巷，有“广东第一巷”之称，既是中华民族拓展南疆的中转站，也是珠三角地区大部分氏族的祖居地，在岭南人文发展史上有着重大影响。南宋末年，珠玑巷一带居民为避战乱，又分批再次南迁，迁徙到珠三角一带，珠玑巷人南迁带来了中原和江南的先进生产技术和优秀文化，为发展岭南经济和文化以至昌兴世界文明作出了重大贡献。珠玑文化不但囊括了中国人根深蒂固的姓氏宗族文化，还融合了当地丰富的民俗、民情、民风和民智，使遍及整个珠三角地区乃至海内外数的千万珠玑巷后裔对“根系一脉，叶茂全球”的发祥之地具有认同感，对这片“七百年前桑梓乡”心生向往。也正是这种日益增温的旅游寻根热所产生的效应，使越来越多的珠玑巷后裔把珠玑巷作为自己远游和慰藉心灵的目的地。

如今，拥有180多个姓氏的珠玑巷后裔繁衍数千万人，遍布海内外，珠玑一脉，根深叶茂，源远流长。

特色产业优势。拥有其他地区难以复制或模仿的产业基础和产业链，即某个地区在特定领域拥有领先制造技术、特色农产品种植及加工产业等。南雄高新区不仅是省级精细化工园区，还是广东省精细化工企业转移承接地，具有特殊的产业优势，地方区域内的精细化工企业具有绝对的精准优势。

自然资源禀赋。拥有特殊的矿产资源（如高品质的稀有矿石）、独特的气候条件（如适宜特定作物生长的特殊气候）、优质的水资源（如富含特殊矿物质的泉水）等。南雄市地处北纬25度，空气质量优良，负氧离子含量高，特殊的纬度气候特别适合植物生长，环境气候宜人，南雄盆地特殊的红层土地孕育着享誉全国的南雄黄烟。全国种植面积在20万亩以上的黄烟种植县市只有6个，南雄市是其中之一。“百顺”“珠玑”品牌香烟曾一度远销67个国家地区，内销全国28个大中城市。南雄还拥有全国纬度最低的银杏古群落，每年11月底的银杏染秋吸引成千上万的游客到访。

历史遗迹和文化遗产。古老且保存完好的建筑、遗址、文物等，反映了当地独特的历史发展脉络和文化传承。由唐朝宰相张九龄主持开凿的南粤雄关的梅关古道，是全国保存得最完整的古驿道。梅关古道的开通，重塑了岭南的商路，使其成为南岭中最重要的一条交通道路。凡人口迁移、军队调动、商旅往来、使节访问等，大都经过此道。这便有了“广府人故里”之称的珠玑巷，它促进了广东的港口和中原交通之间的联系，并且有助于广东与中原及海外各国的通商便利。此外，这里还是陈毅亲历险情、写作《梅岭三章》的地方。

人才资源优势。在某些特定领域拥有大量的专业人才或特殊技能人才。特别是现在很多边远欠发达地区，常年外出务工的父母因为不想让自己的孩子成为留守儿童，所以母亲往往会放弃在外务工的机会，返乡陪护孩子就读。这类人群可为地方发展乡村振兴车间产业提供充足且稳定的劳动力。广东乳源瑶族自治县就通过设立瑶族服饰生产性示范基地，鼓励扶持“妈妈制造”合作社和社会企业开展瑶族文化创意产品研发生产，引进乡村振兴产业，发展村镇经济，带动了地方经济的发展。

地理区位优势。例如，处于交通枢纽位置、是边境贸易区、处于沿海或沿江的特殊港口位置。韶关市新丰县，是广州“大黄金”郊区，为积极融入珠三角先行区，它以赣广高铁为“大动脉”，依托大广、韶新、武深、京珠高速等区域交通网，为新丰发展提供区位优势强劲动力。新丰县拟将引进广州14号线轨道交通作为远期计划，利用特殊的地理位置发展贸易交易市场、大宗交易平台建设和大型仓储物流建设等。

第七章

科学评价招商引资项目质量的路径和实操

第一节　科学评价招商引资项目的必要性

早期，很多地方采取的是粗放式招商，只要有项目、有意向到地方投资建设，各地都会来者不拒，“捡到篮子里就是菜”，只要能给当地带来产值税收就行，但也因此埋下了诸多严重的隐患。环境影响、应急安全、能耗、市场等问题随着企业的建成投产接踵而来；甚至有的企业还没建成就烂尾了，投资方资金链断裂，给地方留下众多收尾工作，严重影响地方政府形象。近年来，在高质量发展的引领和要求下，各地也深刻意识到产业发展需要符合地方准入要求，特别是习近平总书记提出发展新质生产力，对引进企业质量的优劣进行严格把关显得尤为重要。

高水平接洽投资者、甄别投资者意图和到企业实地考察招商项目是招引高质量企业、保障项目顺利推进和实现互利共赢的重要手段。通过接洽客商，从交谈中掌握企业基本经营发展情况，从客商谈吐中发现企业投资的真实目的；通过亲身前往企业所在地，深入了解企业的生产规模、规划布局等实际情况，避免仅仅依据书面材料或口头介绍所可能产生的信息偏差和误解，有助于评估招商项目的可行性和潜力。在实地，可以观察到有关企业生产运营的实际情况，了解其工艺流程、技术水平等内容，从而更准确地判断招商项目的发展前景和投资回报率。实地考察能够增强双方的信任度与合作意愿。既能让招商人员与投资方进行面对面的交流，增进彼此的了解，为后续的合作打下坚实的基础。此外，通过实地考察，招商人员还可以发现潜在的问题和风险，提前发现可能存在的诸如环保、法律等方面的问题，从而提前制定应对策略，降低招商引资风险。

但在实际操作中，很多现场考察都是一大帮部门招商人员到企业走一圈、看一看、聊一聊，事后并没有明确的项目评判、准入意见，对企业的生产经营情况、具体数据掌握不足，导致对项目分析不够准确和全面，影响招商联席会议上部门对项目准入的审议结果。因此，对来访客商进行初步鉴商和对招商项目开展实地考察是非常有必要的。

第二节　科学评价招商项目路径优化方法

要引进高质量的项目，招商人员首先要有一双火眼金睛。在洽谈时，招商人员要细致鉴商，对来访投资者的一言一行进行合理分析，对项目质量和是否继续对接作出初步科学的评价。

招商引资，首先是“招人”，政府招商工作人员要把自己当成风险投资专员，通过跟企业老板接触，判断主要投资者的人品；通过到企业实地考察，再判断该企业有没有投资运营能力；最后判断项目落地后有没有市场和效益。只要按这个方式去甄别，十有八九是不会看走眼的，地方政府也是吃不了大亏的。

在招商引资项目接洽前期，招商人员可通过天眼查等信息平台初步了解企业的基本情况，做个简单的尽职调查，如了解企业的法人代表、成立日期、注册资本、实缴资本、经营范围、对外投资和经营风险等情况；分析企业来投资的可能性，查一下对方的虚实，观察企业近几年的业绩，特别关注其公司和股东的异常状况，了解其资金实力、行业经验、生产能力、销售市场、相关官司、股东限高、征信异常等；不要把招商引资变成招商出资。

在对企业有了一个初步画像后，接下来就要面对企业，开展商务接洽，很多时候会碰到这类客商——夸夸其谈型客商。我遇到过把企业注册资金登记为3亿元、5亿元，而实缴为零的。有的带着一帮企业联合找政府谈所谓的大投资、大项目、风口项目，实则连启动资金都没有；还有的一见面就宣称上面有多少资金等着使用，外面有多少家央企在支撑着，最后连项目都说得不清不楚。遇到诸如此类的客商，还是不要浪费过多时间听他们洗脑吹嘘。

难得遇到的是真心投资型客商。这类客商的特点是低调来考察，能不打扰政府就尽量不打扰，能自己去实地调查走访就尽量自己去；在谈项目时，务实地介绍自己公司的发展情况，说明投资意图、投资要求、落地要素保障，没有夸大的成分，务实而诚信；需要了解的方面会不厌其烦地了解清楚，有时甚至会打破砂锅问到底，洽谈效率高，不会过多耗费双方的精力。与这类客商接洽，招商人员同样要以诚相待、实事求是，专业细致地作出翔实的答复，不要嫌弃企业问得细，越是较真的企业，落地的可能性越大。

比如，在招商过程中，我接触过一家从东莞来的做数控机床的企业。企业老板是湖南人，他老婆是南雄市人，在来南雄市考察前，他们已经多次去湖南多地进行了考察，到南雄市现场考察园区后，企业方要求住建、消防、供电、质检等相关要素部门必须派专业人员到会，还要求市政府领导主持召开洽谈会议。在洽谈过程中，投资者对电价、水费、报建、消防、物流、融资等方面问得特别详细，对相关政策进行争取，还罗列了翔实的项目落地清单，要求各部门提供翔实的数据。一周后，企业老板拿到了部门回复意见，第二天他们便过来签约了。

我们接洽到的外资企业投资者，他们非常看重当地的营商环境，自身有着非常严格的遵纪守法意识，从不给政府提额外的无理要求，一心一意从市场中合法挣钱，从不挣快钱。外资企业投资者特别在意当地政策的延续性和知识产权保护，不太看重某任领导的承诺，而是看重当地政府的整体表现，但他们的落地要求非常高，也最难谈拢。在产业氛围、配套能力、市场规模、营商环境、政策延续等方面，只要有一点达不到他们的标准和条件，他们就不会落地。跟这样拥有商标性的外资企业投资者谈，就要直截了当、正面会谈，双方互相尊重，同时，也要当面给出能落地的具体概率。

招商人员还要大胆挖掘潜力股客商。这类客商所在企业以科技型企业为主，他们获得一定成功后都比较低调务实，不会大话连篇、胡乱吹嘘，更不会因为恭维吹捧而变得飘飘然，不知道自己是谁。科技型企业投资者对所在领域的情况了如指掌，尽管他们大多还在发展初期，尚未完全成长起来，但已经拥有技术、市场的核心竞争优势，拥有众多发明专利，已经研发出了具有国际水平的某项产品，可替代进口产品，并且目前已经得到了客户的认可。尽管科技型企业投资者都有参与他们所在行业、国家甚至国际标准的制定，在其细分领域拥有核心技术和研发实力，但他们往往尚未意识到产品的价值。这类科技型企业，一旦遇到合适的土壤，有地方政府相助扶上马送一程，就能迅速打通“任督二脉”，大概率发展成行业龙头。他们谈的项目基本没有水分，鲜有吹嘘和包装的成分，按照对等原则寻求地方政府的政策扶持，逻辑性非常强，意图也非常明确，并且项目一经谈定，他们会非常讲信用，往往最终综合经济贡献值远超其对赌承诺值。在政府招商工作中，一旦碰到这类科技型企业，务必当机立断赶快谈下。

举个例子。之前，我们到广州某科学城进行招商考察，在参观某公司时，发现该公司只租了不到300平方米的场所，集研发、小试、办公于一体。由于办公面积太小，三位创始人没有给自己安排办公室，每人只有一个工位，每天上下班只背着一个背包。这家公司的企业负责人既是老板也是研发技术员，自己通过12年默默耕耘，专心研发替代国外进口的防蓝光产品，在研制出来后通过小试，得到客户的认可，最终达成合作，从而需要买地建厂，扩大生产规模，将产品推向市场。这种便是属于典型的潜力型企业。干大事的人绝不贪图口腹之欲、绝不迷恋面子工程。像这种类型的企业在发展初期都是没有太多钱的，他们只把钱用在刀刃上，比如研发技术和开拓市场，其他能省就省，一切从简。这类企业进行的项目一般投资规模不会太大，一般为1000万元到1亿元不等，但其投产后，产值和税收会实现快速增长。

招商人员经过初步接洽，即使了解到企业是真心到地方投资，也还要到企业开展实地考察。有的企业在洽谈时把自身企业和项目吹上了天，一来就说要找大领导谈地价、谈优惠政策等等。遇到类似这种项目，招商人员更应该要多留个心眼，科学判断，谨慎对待。因此，不开展实地考察和科学评价，项目有可能存在重大风险。如果开展实地考察，就可以从以下几个方面进行重点考察和评价。

（1）了解项目基本情况。了解项目的投资企业、建设内容、用地面积、总投资、投资强度、产值、税收等情况，初步评估项目落地的效益情况。

（2）市场潜力。研究项目所处市场的规模、增长趋势以及竞争格局。分析项目的盈利模式、预期收入和利润水平。项目所在行业是否符合当前和未来的发展趋势，是否具有创新性和前瞻性。

（3）项目可行性。包括技术可行性、经济可行性和运营可行性。技术是否成熟可靠，经济上的成本与收益分析是否合理，运营流程是否清晰且可操作。重点关注项目是否符合产业发展规划，是否在“禁止类”“禁止准入”里，是否属于能耗过高或严重污染环境的项目。

（4）团队实力。评估项目团队的经验、专业知识、能力和过往业绩。了解项目技术团队的研发创新水平，以及核心关键技术是否掌握在企业自己手中。一个优秀且经验丰富的团队往往能提高项目成功的概率。

（5）风险评估。识别和评估可能影响项目成功的风险因素，如市场风险、技术风险、政策风险等，并考量应对策略的有效性。

（6）资源需求。考察项目所需的人力、物力、财力等资源能否得到满足，以及获取这些资源的难度和成本。

（7）政策支持。了解企业所在地政府对该项目所属行业的政策支持力度，包括税收优惠、补贴政策等。

（8）品牌影响力。了解项目所涉及的品牌在市场上的知名度、美誉度和忠诚度等，这对项目的推广和销售有着重要的影响。

第三节　科学评价招商引资项目质量

对招商项目开展评价要客观，要尊重事实、科学评价。因此，招商人员必须有一个科学评价的标准和方向，以便于进行科学评判。首先，需要制定招商引资项目质量评价表。组织参加现场实地考察的部门严格按照相关流程规定，积极配合招商部门及拟落地辖区单位或项目引进单位做好招商引资重点项目现场对照评估，推动项目评估部门全覆盖。在招商部门考察时，地区发改委重点核实项目是否符合产业准入政策，是否符合能源消耗和用能保障方面要求；自然资源部门重点核实选址区域布局是否合理，是否符合城乡规划和园区发展规划，是否符合土地利用规划，是否涉及生态保护红线等敏感区及供地相关规定等；生态环境部门重点核实项目选址是否涉及饮用水水源地等环境敏感区，是否满足“三线一单”生态环境分区管控要求；林业部门重点核实是否涉及自然保护区核心区和缓冲区、风景名胜核心区、森林公园、地质公园、列入省级以上保护名录的野生动植物栖息地；水务部门重点核实是否符合用水节水、水土保持方面的要求，是否涉及蓄滞洪区；农业农村部门重点核实是否占用高标准农田；财政部门重点核实财政扶持政策诉求；金融部门重点核实融资需求，对项目的评估，通过项目质量评价表，以量化评分的方式将考察情况体现出来。事后，招商部门进行总结归纳，客观地得出项目的优劣。

表7-1为本人根据多年的工作经验，在实地考察企业中制作的招商引资项目实地考察质量评价表，仅供学习交流。

表7-1　南雄市招商引资项目实地考察质量评价表

投资公司			
项目名称			
企业性质	□外资　□国有　□民营　□其他	行业类别	
项目内容			
项目联系人		招引单位	
投资总额		用地面积	
投资强度		能耗（标准煤）	
达产后年产值		产值强度	
达产后税收		税收强度	

续表

评价指标			评判内容	分值	得分
一、常规得分（70分）					
产业准入（10分）			鼓励类产业： 一、国家鼓励发展产业。 二、广东省鼓励发展产业:1.战略性新兴产业；2.先进制造业；3.优势传统产业；4.基础产业。 三、韶关市（南雄）重点发展产业	10	
			允许类产业	7	
			限制类产业	3	
			禁止类产业	0	
产值税收（25分）	投产后3年平均产值	产值规模	5亿元以上	5	
			1亿元～5亿元，按每1亿元增计1分	1～5	
			1亿元以下	0.8	
		产出强度	800万元/亩以上	5	
			300万元～800万元，按每100万元/亩增计1分	1～5	
			300万元/亩以下	0.8	
	投产后3年平均税收额	税收规模	5000万元以上	5	
			500万元～5000万元，按每500万元增计0.5分	1～5	
			500万元以下	0.8	

续表

产值税收（25分）	投产后3年平均税收额	税收强度	30万元/亩以上	10	
			10万元～30万元，按每3万元/亩增计1分	1～10	
			10万元/亩以下	0	
投资强度（15分）		投资规模	5亿元以上，得满分	10	
			5000万元～5亿元，按每5000万元增计1分	1～10	
			5000万元以下	0.8	
		投资强度	280万元/亩以上	5	
			180万元～280万元，按每20万元/亩增计1分	1～5	
			180万元/亩以下	0	
节能减排（10分）			综合能耗1000吨标准煤以下	10	
			综合能耗1000吨～5000吨标准煤，按每降1000吨标准煤增计1分	1～10	
			综合能耗大于5000吨标准煤	0	
生态环保（10分）			绿色环保无污染，可持续发展项目	10	
			环境污染在可控范围内的项目	5	
			不符合环保要求的禁止类项目	0	

续表

二、投资主体综合实力得分（30分）			
团队资质（6分）	1.上市公司、行业龙头企业、高新技术企业、“专精特新”等。 2.科技创新能力，产业带动能力。 3.业务收入、资产负债率、银行信用等级、股东情况等	6	
项目效益（6分）	产品附加值的高低	6	
市场需求（6分）	1.销售渠道。 2.出口占比。 3.市场前景评估	6	
社会效益（6分）	1.提供就业岗位的数量。 2.对国计民生的影响	6	
投资能力（6分）	1.资金来源。 2.项目建设周期	6	

续表

小分队意见			
招商服务中心意见			
考察人员签名			
得分		能否引入	
说明： 1.符合准入条件的项目按综合评价总得分分为三类，高于85分的为重点支持类项目，65～84分的为观察引导类项目，小于65分的为禁止引进类项目。 2.以产业准入、环保、能耗为前提，不符合的不能引入			

经过初步商务洽谈，在现场实地考察后，收集各部门评价意见，对项目形成一份高质量的项目考察报告。

报告应包含主要内容、时间，以及哪些单位具体什么人组成考察组到×××企业生产基地调研考察。考察内容应该包括调研考察对象企业的基本情况，如投资计划、考察现场见闻等。

经过在现场参观考察和有关职能部门的研判及专家的分析，在产业政策、技术评估、市场评估、生态环境保护、产品市场价值和风险把控等方面对项目做具体分析，并提出对下一步工作的有关建议，还需要附上企业相关资料、企业考察现场图片等。

通过现场考察，并就考察报告征求部门意见后，还应形成一份招商引资项目考察准入初评意见，意见应包含以下内容：

项目信息基本情况、项目企业发展概况、项目建设内容及规模、投资额、资金筹措和年产值税收情况、项目技术来源、核心人才团队及就业需求情况、项目布局地方的可行性；对项目的综合评估和专项评价，主要涉及项目落地地方是否符合产业政策评估，项目投资发展评估、生态环境保护评估、能耗使用评估、土地利用评估、水利要素评估、扶持政策享受评估，以及项目其他风险评估。最后整合评估，针对项目给出一个准入意见，为之后的会议提供一份详细的报告供参会人员决策。

第八章

重大项目开展专业服务的研究和方法建议

第一节　用SWOT分析法分析重大招商项目的必要性和案例

一、使用SWOT分析法的必要性

在招商过程中，当重大项目的客商参观完产业园区后，不少产业园区的招商人员会时常联系客商询问意向。显然，这种简单的跟进追踪的方式，不仅会对客商造成“骚扰”，而且对招商工作而言，也是收效甚微的。这就好比一个房地产销售，如果频繁地打电话追问客户是否有意向购买，有没有确定支付定金，相信大多数客人都会由当初的好感变得反感，会因为销售接二连三的“骚扰”而影响购房者的理性判断，最终会适得其反。

因此，当遇到重大的招商项目时，在项目开展前期使用SWOT分析法进行研判，是敲开企业大门的金钥匙，其能够提高招商成功率，降低风险，对项目进行专业全面的分析，对招商引资项目落地起到事半功倍的效果。

对重大招商项目提前使用SWOT分析法具有以下重要意义。

（1）招商人员可以通过现场考察和分析，全面评估项目可行性。通过分析项目的优势、劣势、机会和威胁，能够全面、系统地了解项目的内在特性和外部环境，从而评估其在当地落地的可行性；明确项目定位有助于明确项目在市场中的定位，了解其相对于竞争对手的优势和不足，为制定精准的招商策略提供依据。

（2）发现潜在风险。提前识别可能存在的威胁和劣势，如市场竞争激烈、政策变化、资源短缺等，从而制定相应的风险应对措施，降低项目失败的可能性。

（3）充分利用机会。把握外部环境中的机会，如新兴市场需求、政策支持等，使项目能够顺势而为，实现快速发展。

（4）优化资源配置。根据分析结果，合理分配人力、物力和财力等资源，将资源集中在项目的优势领域和关键环节，提高资源利用效率。

（5）增强招商竞争力。在与其他地区竞争招商项目时，基于SWOT分析制定的有针对性的招商方案，能够提高本地的竞争力，吸引项目落地。

（6）促进决策科学化。为决策者提供全面、客观的信息，使决策更加科学、合理，减少盲目性和主观性。

对重大招商项目使用SWOT分析法进行研判，可以按照以下方法进行。

优势（Strengths）分析。考察项目本身的独特卖点，如先进的技术、创新的商业模式、优质的产品或服务等；分析项目团队的专业能力、经验和声誉；研究项目所拥有的专利、知识产权等无形资产；评估项目的资源优势，包括资金、原材料供应、生产设施等。

劣势（Weaknesses）分析。审视项目可能存在的技术缺陷或研发风险；分析项目团队在某些方面的不足，如管理能力、市场营销经验等；考量项目的资金缺口或融资难度；研究项目在生产流程、质量控制等方面可能存在的问题。

机会（Opportunities）分析。调研市场趋势和新兴需求，判断项目是否与之契合；分析政策环境，看是否具有有利的政策支持或补贴；考察行业竞争格局，寻找潜在的合作机会或市场空白；关注技术进步带来的新机遇，如数字化转型等。

威胁（Threats）分析。评估竞争对手的实力和可能采取的竞争策略；分析政策法规的变化可能对项目产生的不利影响；研究市场需求的不确定性和变化趋势带来的风险；关注宏观经济环境的波动，如经济衰退、通货膨胀等对项目的影响。

在进行SWOT分析时，可以通过与项目负责人和团队成员进行深入访谈，对市场和行业进行广泛的调研，通过参考相关的行业报告和数据分析等方法收集信息。最后，将收集到的信息整理成SWOT矩阵，清晰地展示项目的优势、劣势、机会和威胁，并据此制定相应的策略，以最大程度地发挥优势、克服劣势、抓住机会、应对威胁。

针对重大招商项目可组建专职跟踪团队，开展个性化专业服务，使用SWOT分析法详细分析，增强投资者信心。现以南雄市招引深圳某电子科技公司来南雄产业转移工业园落户所做的SWOT行业分析法为例，仅供参考。

在深圳某电子科技公司进行实地考察后，招商人员立刻化身贴心的助手，为客商着想，甚至主动站在客商的角度，去分析项目落地南雄产业转移工业园的优劣势，组织形成一份定制化的方案和有价值的项目落地SWOT分析法报告书，协助客商更好地进行筛选，不断降低客商的决策风险，让客商凭借自己的现场考察和分析决策来决定是否落地南雄产业转移工业园。

二、南雄市电子信息产业使用SWOT分析法

深圳某电子科技公司是一家专业从事电子电源变压器、电感器和互感器生产销售的制造厂商，其产品主要用于5G通信电源、光伏逆变、新能源汽车等众多领域。该公司到南雄工业园区考察拟选址建设公司总部，打造公司形象，利用地方优质充沛的“妈妈岗”劳动力资源，辐射乡镇，做强做大电子信息产业。

（一）优势

1.产业优势

南雄产业转移工业园是广东省产业转移园中产业集聚度较高、特色显著的一个园区。园区入驻了雄州机械设备有限公司、南雄鸿硕电线材料有限公司、美瑞克微金属磁电科技有限公司、郡嘉电子科技有限公司、东莞鑫同叶电子科技有限公司等一系列电子信息产业相关企业。其中美瑞克微金属磁电科技有限公司生产加工磁性材料、软磁材料、软磁合金粉末、软磁合金粉芯等电子元器件及周边产品，郡嘉电子科技有限公司研发和生产电源适配器、变压器、电感、连接线等，东莞鑫同叶电子科技有限公司主要研发和生产电脑电源，这些企业均已初步形成完整的产业链，可为新进驻的电子信息企业提供相关产品配套。

2.土地优势

南雄产业转移工业园二期有合法合规的土地5040亩，现有连片可招商的成熟用地1500亩，已基本完成“七通一平”，完全满足企业立马入驻的需求。南雄产业转移工业园配套有统一的污水处理厂、省级产品质量检测中心、专业应急救援中心、高级人才公寓、高标准室内运动场馆、专业危货物流公司以及灵活便捷的圆融小贷融资平台，可为企业提供生产、生活配套。

3.营商环境优势

南雄市的发展环境良好。一直以来，南雄市坚持将“服务投资者”作为招商引资软环境的核心要素，按照“一切为了投资者，一切为了企业”的理念，成立招商服务中心，深入推进“数字政府”建设，全面推行“马上办、网上办、就近办、一次办”服务模式，实现市镇村“一门式一网式”政务服务全覆盖，企业开办、不动产一般登记时间分别缩短至1个工作日和3个工作日。“数字政府”和营商环境便利度于2019年度绩效考核中均在韶关各县（市、区）排名第一。南雄市严格实行“一个项目，一套班子，一套人马，一抓到底”的“保姆式”服务，真正做好企业的“贴心人”，当好企业的“服务员”。同时，广东省财政厅制定了《广东省财政厅关于支持珠三角与粤东西北产业共建的财政扶持政策》等一系列政策，大力支持企业来南雄市发展。

4.区位优势

南雄市的交通区位优越。国铁集团发布的《新时代交通强国铁路先行规划纲要》指出，到2035年，50万人口以上城市高铁通达。南雄市有望建设高铁。四通八达的地方公路构成了南雄市快捷便利的交通网络。从南雄市到广州市只需要3小时，到赣州市黄金机场只需要1小时。南雄市已成为粤北和华南地区进入华中、华东地区的“桥头堡”，起到了承接珠三角地区、对接长三角地区的重要枢纽作用。南雄市交通环境日趋成熟，进一步促进南雄市与外界特别是与珠三角等地区的紧密联系，已基本融入珠三角地区3小时经济圈。

（二）劣势

1.产业规模较小

南雄产业转移工业园虽然已入驻多家电子信息企业，形成了较完整的上下游产业链和产业集聚，但仍以中小微企业居多，产值普遍不高，员工人数大都在50人以内，无行业骨干、龙头企业。

2.物流成本高

南雄市内没有大江大河，物流运输主要靠公路，物流成本高是南雄市投资办企业的最大短板。南雄市地处粤北山区，距离珠三角等发达地区较远，运输成本较高，并且物流业不发达，缺乏物流中转中心，导致企业运营成本高。

3.企业融资难度大

一是产业结构方面。南雄市以工业园区为主，大多数是中小微企业，并且属于高风险行业，抗风险能力较弱，融资贷款存在一定限制且利率相对较高。

二是地区差异方面。南雄市属于广东省定额基价中的四类地区，同类融资贷款产品与珠三角地区对比，利率相同但额度更低。同时，南雄市缺乏融资平台，部分企业也难以满足国有大型银行融资贷款条件，虽然南雄市农村商业银行可以受理，但利率较高、额度较低。

三是企业自身方面。大多数企业在公司治理、财务管理方面不规范，对自身认识定位不准，往往不根据自身实际提出融资需求，导致融资成功率低。

四是金融机构人员方面。部分金融机构人员素质不高、业务能力不强，深入企业调研不深，对企业情况摸得不透，不能很好地反映企业生产经营的真实情况，导致上报的融资贷款申请反复被上级银行驳回。同时，南雄市银行对公客户经理人员太少，力量不足，业务办理进度较慢。

综合上述原因，企业融资难度较大。

4.高层次人才吸引力不足

近年来，南雄市发展迅速，城市生活环境、文化环境、医疗条件等方面已取得巨大进步，但与珠三角、长三角等发达地区或周边地区相比仍存在较大差距，难以吸引相关产业的高层次人才来南雄工作，已经招聘来南雄市的人才也难以留住（制约了企业研发能力的提高和进一步发展）。**（三）机遇**

1.承接国际、国内电子信息产业的区域转移

随着珠三角地区的电子信息区域化的发展，电子信息产业的梯度转移和整合趋势也开始显现，电子信息产业开始从珠三角地区向粤东、粤西、粤北等用地、用工、用电成本较低的地区转移，这为南雄市电子信息产业的发展提供了新机遇，而深

圳市的用地成本高、招聘普通工人难，也难以留住电子企业。与此同时，在国家政策框架的积极引导和支持下，电子信息企业通过与电子信息产品供应商合作，积极向粤东、粤西、粤北地区转移，也为南雄市电子信息产业发展拓展了广阔空间。

2.产业集聚与政策扶持机遇

南雄产业转移工业园经广东省人民政府同意认定为省级产业转移工业园，是承接珠三角企业转移的专业园区，也是广东省产业转移园中产业集聚度较高、特色显著的一个专业园区。目前，入驻企业可通过招拍挂程序快捷购买南雄产业转移工业园区现成的土地，迅速投产、销售。南雄产业转移工业园已有与电子元器件产业相关的生产企业，对电子元器件生产企业而言，进驻园区可与现有的产业链整合，形成产业集聚优势。

广东省人民政府为推动区域协调发展和创新驱动发展，印发《广东省促进粤东西北地区产业园区提质增效的若干政策措施》，鼓励有技术含量的珠三角地区企业优先在省内梯度转移，推动珠三角与粤东西北产业共建。

3.市场前景广阔

磁性元件行业的市场空间十分广阔，大多数涉电产品要用到变压器、电感等磁性元器件，如照明、家电、汽车、手机、个人计算机、工控、芯片、医疗器械、5G、航空和军工等行业。目前，仅磁性元器件产品市场就有规模约1300亿元。生产磁性元件的企业进驻南雄市并与园区相关企业形成产业集聚，将会拥有巨大的发展前景。

4.交通发展新便利

信丰县至南雄高速公路（雄信高速）是雄乐高速公路的东段，路线全长约41.317千米，投资总额约45.19亿元。项目线路起于界址镇寨背以北广东省与江西省交界处，与珠玑枢纽互通和韶赣高速相连。2024年6月15日，雄信高速正式通车。

赣韶铁路于2014年建成通车，项目按单线160千米/时（预留200千米/时）的条件建设。现赣州市和韶关市已共同委托设计单位对赣韶铁路扩能工程开展了规划研究，赣韶铁路扩能工程设计为双线、200千米/时的技术标准，将来实施后可开行动车组。

这些将对南雄市企业开拓粤北市场和华南市场提供极大的便利。

（四）挑战

1.来自国内外竞争的双重压力

世界主要电子信息大国不仅技术水平高、抵御风险能力强，还可以利用技术优势向发展中国家扩张。如在金融危机后，美国采取了一系列的政策措施并加大了研发投入，电子信息产业的实力并未削弱。美国全球电子信息企业研发投入是中国的几倍，电子信息产业的竞争力仍排在首位。南雄与国内发达城市相比，经济发展相对落后，电子信息产业技术研发投入不高，创新能力弱，缺乏核心技术。南雄电子信息产业集群发展与国内发达城市相比有很大的差距。因此，南雄的电子信息产业集群发展面临着来自国内外的双重压力。

2.研发能力跟不上产品更新换代的速度

电子信息产业产品要比普通产品更新换代快得多，一般企业难以把握电子信息产品市场发展趋势，即使通过集群内的咨询服务机构等获得了相关信息，但电子信息产业技术和产品开发具有高风险、高投入性的特点，这使得集群内的电子信息企业承受着高额资金和投入高风险的压力，尤其是当研发出的产品已经落后于市场流通的产品时，将会给企业带来致命的打击。南雄的电子信息产业集群内大都以中小企业为主，资金有限，在技术和产品研发上都不占优势。

3.珠三角及周边地区的竞争

与珠三角及周边地区相比，南雄市地处粤北山区，故电子技术专业人士、企业管理人才等更多选择珠三角或周边的地区就业。南雄市在电子技术研发工程师、设备经理等技术人才方面，存在很大的缺口。现有的电子技术人才有限，企业无更多资金培养新人才，从而限制了企业转型升级和发展。

第二节　重大招商项目服务事项研究

重大招商项目一般会组建一支专业的服务团队专门跟进。专业服务团队全程跟踪服务，从开始项目签约到中间建设投产均实行专人跟进，最后再加速推进项目落地，推动项目运营投产。具体业务服务对接安排如下。

一、土地出让

（1）宗地图、批次图核发：由南雄市自然资源局核发，专职服务人员对接。

（2）规划条件审批：南雄市住房和城乡建设局针对出让地块推出规划条件及附图，有关材料需要企业确定摘地后补交。

（3）土地出让流程：由南雄市自然资源局牵头，南雄市政府组织地块出让挂牌会，会议出具相关会议纪要以及招拍挂市政府批复（办理不动产登记证的材料），由专职服务人员对接。

（4）土地交易：由自然资源交易中心组织土地招拍挂，企业通过网上竞价取得土地。

（5）国有建设用地供地审核：企业取得土地后，与市自然资源局签订土地出让合同。

（6）不动产登记证办理：

①企业办理建设用地规划许可证——自然资源局（项目立项后办理）。

②企业缴纳契税、印花税——税务局。

③办理权籍调查——自然资源局。

④办理不动产登记证——自然资源局。

二、项目前期

（1）建设单位签订投资协议、办理营业执照。招商部门引进项目签订投资协议后，引导项目方办理营业执照。

（2）项目立项。发改局发项目立项备案证。项目立项同时可并行办理以下事项。

①节能评估报告。应提前告知企业请第三方资质单位编制节能评估报告，并且需在项目动工前（施工许可证发放前）提交至发改部门完成备案。

②取水许可。涉及需要到河道取水的项目才需要办理。

③环境影响评价报告。应提前告知企业请第三方资质单位编制环评报告。按市自然资源局要求，应在建设用地规划许可证下发前办理完成，装备园可容缺，需要企业提交承诺书，且必须在项目动工前（施工许可证发放前）由自然资源和住建部门完成审批（办事大厅负责收发件）。

④另环评入户调查是环评编制单位必须开展的工作，入户调查需要相应费用支撑，需要告知企业。

⑤方案设计总平面图备案。专职服务人员协助企业对接自然资源和住建部门，对企业总平面图进行预审。预审通过后，符合要求的，可以直接备案，也可以在办理建设工程规划许可证的同时备案（为避免企业反复修改设计图导致重复工作，建议办理建设工程规划许可证时同时备案）。

⑥总平面图消防审查。专职服务人员协助企业对接自然资源和住建部门，对企业总平面图进行预审时，同时发函至消防大队，对其总平面图进行预审并出具意见（不作为行政审批结果），此举是为了避免建设工程规划许可证办理完成后出现消防设计不符合要求的情况。

⑦人防易地建设项目审批。装备园的项目大部分以厂房为

主，厂房不需要建设地下室；涉及要建设地下室的企业，需要提交总平面图，发改部门人防审批人员对其地下室出具应建人防工程设计要点；企业根据人防工程设计，找第三方资质单位设计施工图，完成后提交至发改部门审核备案。

（3）建设用地规划许可证。建设用地规划许可证的核心必要条件为签订完成土地出让合同。

三、实施阶段

（1）建设工程规划许可证。首先出具总平面图、建筑单体方案，经测绘院（或有资质的单位）校核后，由测绘院（或有资质的单位）出具技术经济指标校核报告书、建筑单体建筑面积校核报告书，企业缴纳城市基础设施配套费。

（2）消防设计审核。装备园企业建设属于甲、乙类厂房（库房）的，需要办理消防设计审核。具体要求以消防预审意见为主，未要求办理的则不需要办理。

（3）建设工程验线。由自然资源和住建部门对接，邀请第三方资质单位给企业放验线，相关费用需由企业承担。

（4）建筑工程项目质量安全监督注册及建设工程施工许可证办理事项一般由企业施工方代为申办；首先对工程施工现场安全生产、文明施工进行查勘，随后提交有关材料给自然资源和住建部门，最后联系市质安站到现场查勘并出具查勘表；自然资源和住建部门负责城市建筑垃圾处置核准；施工噪声排放由自然资源和住建部门办理；建筑工伤意外保险的完税证明需要企业凭意外保险保函到地方税务局办理。工程施工现场安全生产，要求入园企业开工前与管委会签订安全生产责任书，落实项目主体安全责任。

（5）消防设计备案。提供有关材料到消防大队办，参照服务指南进行备案。

四、竣工验收阶段

（1）建筑企业诚信登记。建筑企业诚信登记可在立项阶段办理，竣工验收前办理完成即可。

（2）排污许可证。根据市生态环境局的要求，排污许可证核发需在竣工验收前办理完成。

（3）联合竣工验收。由自然资源和住建部门牵头组织各有关部门联合竣工验收，具体方案正在修订。

（4）工程档案与竣工验收报告备案。自然资源和住建部门对企业工程档案与竣工验收报告备案。

第三节　做好重点项目专业服务的方法建议

做好专业服务是为了更好地招商，专业服务能加快项目签约落地，有利于落地企业加快建设投产，能赢得口碑，收获效益，拓宽市场。开展专业服务更能够增强投资者的信心，专业的服务团队能够为投资者提供全面、准确和及时的信息，包括项目分析、政策解读、市场环境分析和项目可行性研究等，让投资者感受当地政府或招商机构的诚意和专业能力，进而坚定其投资的决心。

项目落地后，可从以下几个方面着手开展专业服务。

（1）建立专业服务团队。团队成员应具备丰富的招商经验、行业知识、法律知识和良好的沟通协调能力，能够为项目提供全方位的服务。

（2）深入了解项目需求。在项目洽谈初期，就要与投资方进行充分沟通，了解其发展战略、投资规模、技术需求和市场预期等，以便提供有针对性的服务方案。

（3）提供定制化服务。根据每个重点招商项目的特点和需求，制定个性化的招商落地方案，即对重大产业招商项目开展SWOT分析，对重大项目落地建设制定个性化服务流程和措施。例如，对需要快速审批的项目，开辟绿色通道；对技术密集型项目，协助对接科研资源。

（4）优化审批流程。加强与相关部门的协作，简化烦琐的审批手续，提高审批效率，确保项目能够尽快落地。

（5）加强政策支持。为重点招商项目提供优惠的税收政策、土地政策、财政补贴等，增强项目的吸引力和竞争力。

（6）提供配套服务。包括基础设施建设、人力资源服务、物流配送等，为项目的顺利运营创造良好的条件。

（7）持续跟踪服务。在项目落地后，要定期回访，了解企业的经营状况和遇到的问题，及时给予帮助和支持。

第九章

驻点招商工作中存在的短板和对策研究

第一节 韶关市驻点招商工作的现状分析

地方政府开展驻点招商是将招商引资工作阵地前移，能加强与驻点周边区域的联系，融入驻点周边区域产业和经济活动中，以更好地获取外部招商信息资源。驻点招商，相当于给本地在大城市开设一个宣传推介窗口。企业通过办事处了解本地的特色资源、投资环境和优惠政策，并以政府驻点招商办事处为媒介直接对接当地政府，有助于欠发达地区突破本地资源的限制，积极引入外部的资金、技术、人才等关键要素，为本地经济发展注入新的活力；能够让欠发达地区的产品和服务更好地对接更广阔的市场，进而增加销售机会，促进产业升级和优化。通过驻点招商活动，地方政府与发达地区的企业和机构接触，了解先进的管理理念、商业模式和创新技术，有助于推动本地企业的发展和创新。地方政府通过驻点招商活动，积极宣传本地区的优势和特色，可以提高地区的知名度和影响力，吸引更多的投资，并创造更多的合作机会。

近年来，韶关市委、市政府高度重视招商引资工作，把招商工作作为“一把手”工程来抓，市委、市政府主要领导带头研究、带头部署、率先垂范带队开展招商。分管招商工作的韶关市副市长肖智勇一到任就主动出击，把广交会、投洽会等各类展会“客场”变为韶关招商“主场”，当好招商服务的“店小二”，并勉励招商人员，在思想上要有信仰、有信心、有信念；在面对客商时要有底气、有志气、有胆气；在项目招商洽谈过程中要不畏千山万水，说尽千言万语，不辞千辛万苦。招商人员深受启发和鼓舞，全市上下正在掀起一波轰轰烈烈的招商热潮。

韶关市地处粤北山区，产业发展存在天然阻隔。在“大招商、招大商、招好商”的浓厚氛围下，开展驻点招商，并加强与粤港澳大湾区的融合发展显得尤为重要。当前，韶关市政府派出了由工信局和商务局分别带队的驻莞深招商队和驻广佛招商队两支队伍，其队伍分别由从各县（市、区）抽调的人员组成，每支队伍共6人，主要工作任务：通过各种形式宣传韶关区位、资源和产业优势，推介重点招商项目及信息，并根据韶关产业发展重点和园区布局规划，广泛开展招商活动，重点推动大数据产业招商和大项目招商；深入分析粤港澳大湾区及其周边区域产业的特点和发展趋势，搜集产业对外转移、扩张等方面的信息，重点做好符合韶关产业发展方向的项目信息收集、台账整理、筛选、报告等工作；积极联系当地工商联、各类商会、行业协会、知名企业等，找准招商切入点，开展定点、定向招商，邀请有投资意向的客商来韶关进行实地考察和投资兴业；积极搭建平台，为韶关在粤港澳大湾区及其周边区域开展招商推介会、洽谈会等活动提供和会务、客商联络等有关的系列服务，并做好引进项目的前期考察、调查核实、客商对接、投资洽谈等相关工作。驻点招商队的目标任务是根据韶关的产业定位，重点走访相关产业的园区企业和商协会等，积极寻找有投资意向的企业，并邀请其来韶关考察洽谈。各队伍每年接触客商不少于100家（次）。驻点招商队两年内引进产业项目的签约额不少于200亿元。

第二节 对韶关市驻点招商工作存在的问题的分析

2024年，韶关市政府派驻驻广佛招商队和驻莞深招商队两支队伍外出开展驻点招商，时间过半，任务也完成过半，取得了初步成绩，但也存在不少问题，问题如下。

一、各县（市、区）缺少互联互通

目前，韶关市两支驻点招商队都是以“单打独斗”方式开展驻点招商，但如今是各地主推招商的重要攻坚期，采用“抱团取暖”式驻点招商模式显得尤为迫切。据调查，目前，驻点招商队开展招商的城市主要分布在广州市、深圳市、佛山市、东莞市和中山市。驻点城市与项目地距离较远且分散，缺少信息互通，意向企业难以在第一时间匹配到最佳的县（市、区）进行工作对接。

二、信息收集渠道有待拓宽

招商引资信息渠道单一，更多的是依赖乡贤、商协会或者领导的人脉关系提供的项目信息，较多停留在初步对接、考察的层面，较难接触高质量信息，难以真正地走出去，以及发挥驻点招商队的先锋作用。

三、驻点招商专业性人员有待加强

驻点招商工作普遍存在工作时间短、业务水平低的问题。驻点招商人员缺乏专业的招商引资知识，尤其是谈判技能严重不足，对韶关市的产业规划、主导产业发展情况、土地、税收、物流、金融等方面的政策研究不够，对项目的解读能力也比较弱，特别是对投资企业所关注的核心问题的反馈效率较低，很容易错过良好的合作机会。举例来说，驻点招商人员在与粤港澳大湾区的商户商谈时，主要介绍了韶关市现有的优惠政策，但对项目选址方案、土地规划、环境影响评价、物流、上游和下游产业链，以及当地基础设施服务配套等企业关注的问题了解不足。驻点招商人员在向客商介绍招商引资政策或解释与项目相关的政策法规时，往往无法在第一时间有效地给出满意的答案。甚至有时，他们提供了错误或虚假的信息，随意作出承诺，以便完成招商引资的任务。这不仅对驻点招商信用造成严重的负面影响，还直接影响了这个行业关联“朋友圈”的投资意向与选择。

四、驻点招商引资操作模式固化单一

当前，各队采用的驻点招商模式仍然摆脱不了“大呼隆”式地开推介会，“砍胳膊砍腿”式的低成本、粗放型招商。驻点招商人员大部分工作都是跑企业，参加各种形式的展会、推介会等。

五、前后方联动不充分

招商引资工作仅仅靠驻点招商人员是完全不够的，一个项目的落地，从接触对接、前期洽谈、邀请实地考察、反复磋商，到最终落地，都需要前方驻点招商人员与后方招商部门形成强大的前后方合力，需要做大量的工作。这种所谓的“前方与后方”的关系，应该是相互配合、通力合作的关系。前方驻点招商人员的职责是收集有意向的企业信息并开展前期对接洽谈，邀请企业实地考察，后方招商部门人员的职责是做好项目的包装策划，统筹建立起企业与相关政府职能部门之间良好的信息沟通渠道，并做好后期的跟踪落地服务。但往往在实际操作过程中，前方与后方完全没有信息上的沟通，都是单打独斗、各自为战。驻点招商人员邀请回去考察的企业，没有得到招商部门相关人员的统筹安排，协调调度，更没有获得后期的跟踪落实，导致驻点招商人员花费大量精力搭上线的企业，最后变成了不受欢迎的对象。又或者是驻点招商人员将企业信息反馈给招商部门后，就不管不问，任由事态发展，甚至随意承诺，这就容易让企业失去投资信心。

六、招商条件口径不一

在开展驻点招商引资的过程中，地方政府往往没有一个统一的招商引资优惠政策，面对企业家提问“地方有什么优惠政策”时，驻点招商人员说得最多的一句话：“等你们过来考察后，我们会针对不同企业的需求，制定‘一事一议’的政策”。看似一句很“官方”的回答，却暴露了驻点招商人员心里底气不足的问题。另外，驻点招商人员还面临着对于同类型的企业，优惠的政策千差万别的问题，这往往导致“两头不讨好”。

七、激励考评体系机制有待完善

由于驻点招商人员是临时调动的，没有相对独立的职级晋升渠道。如果在招商引资方面成绩比较突出的驻点招商人员在短时间内调职晋升，会导致优秀人才流动频繁，使工作的连续性无法保证。例如，项目负责人暂时调整，继任者不熟悉项目情况和企业文化，自己的业务水平不能立即满足项目的需要，导致项目谈判、推进受阻。目前，暂未针对驻点招商人员制定专门的绩效考核制度，同时物质保障不够充分，更多时候驻点招商人员还是靠情怀在支撑，不能放开手脚去冲业绩，提高业绩的动力还有待进一步激发。

第三节　政府高效开展驻点招商工作的优化建议

韶关市政府应如何高效开展驻点招商工作？我给出以下十点相关的优化建议。

一、明确韶关重点产业发展方向

优化产业发展整体布局。以“双碳”目标为发展方向，深入开展产业发展规划研究，全面摸清韶关市各产业链的现状、发展定位、重点项目等，明确产业链发展方向和重点招商对象，尽快完成市级层面产业发展规划编制工作。

二、实施项目共享

有大局意识的两支驻点招商队伍应形成合力，即相互之间采用不设防的“贯通式”打法形成招商合力。

三、提升驻点招商队伍业务水平

提高驻点招商队伍业务水平可从以下六点做起。一是要熟识本地区地理环境、交通区位、人文历史、产业现状等；二是要熟识韶关招商引资、奖补政策文件，以及未来产业规划；三是要了解项目准入标准，把握项目准入门槛，增强对企业项目的可行性分析能力；四是自我培育招商信息渠道，创新推介方法及技巧；五是培养良好的商务礼仪和有效的谈判技巧；六是要大力改进工作作风，提高队伍执行力。

行动是解决问题的良药，驻点招商人员要做到闻风而动、捷足先登；要学深学透上级政策，重点熟悉并掌握项目建设管理程序、实施程序，依法依规推动项目建设；要积极构建亲清政商关系，增强服务项目的工作效能，当好项目跟踪对接的“服务员”“店小二”。

四、拓宽驻点招商信息收集渠道，加强驻点抱团信息互联

两个驻点招商办事处实施各县（市、区）联动招商机制，强化各县（市、区）之间信息互联，有效地将意向投资留在韶关。根据各县（市、区）现行驻点城市的信息，由各县（市、区）共同出资，集中在广州市、东莞市两地租赁办公场所。其中，广州市驻点招商办事处主要对接服务珠江口以西的地区，东莞市驻点办事处主要对接服务珠江口以东的地区。各县（市、区）派驻2～3人统一入驻办公这种形式的好处：一是能集中展现韶关市“大招商”的浓厚氛围，体现驻点招商队伍的精气神；二是能实现信息互通，以匹配度为标识，哪个地市匹配度高，就把项目往哪里对接，不搞区域内同质竞争，对本地承接不了的项目，不再无效地藏着掖着，而是将其推送给兄弟城市，打造韶关市良好的营商环境。认真分析产业链条企业，获取项目信息。“链长制”要求各个开发区聚焦在产业链上，通过做好“九个一”机制（一个产业链发展规划、一套产业链发展支持政策、一个产业链发展空间平台、一批产业链龙头企业、一个产业链共性技术支撑平台、一支产业链专业招商队伍、一名产业链发展指导专员、一个产业链发展分工责任机制、一个产业链年度工作计划），将“点状”的产业分布概念转变为“链状”的产业链分布思路，变二维的“产业招商地图”为多维的“产业链图谱”。结合韶关市实际状况，驻点招商人员可制定包括高新区外工业项目链（含商贸物流产业

链）、新能源产业链、文化旅游产业链、农业产业链、林下经济产业链、先进材料制造产业链、新材料制造产业链、林业生物产业链、医疗康养产业链9个重点产业链招商政策，与链长单位和产业链牵头部门加强沟通，互通信息，及时敏锐地捕捉招商项目信息，发挥驻点招商的前沿哨所功能和先锋队作用。此外，驻点招商人员可以通过乡贤和商协会人员搜集相关信息。各驻点招商队伍要做“招商引资的有心人，投资环境的营造人，项目信息的牵线人”，主动走访各地区的乡贤、商协会、行业协会，积极对接城市更新地区的外溢企业，第一时间与线索企业进行心贴心、面对面、零距离的沟通对接，积极在土地、规划、部门协调等服务上下功夫，实现项目落地。

五、用统一的招商引资优惠政策条件对接项目

一家真正想对外投资、扩大企业规模的企业，为什么会到某地来投资，无非就是你所拥有的东西正是该企业想要的。有一位企业老总曾这样说道：“中国的陆地总面积约有960万平方千米，有2800多个县级区划，我偏偏选中了你们这个地方，因为我最看重的就是你们这里有我需要的东西，另外就是这里有良好的营商环境和该有的优惠政策。当然，前提条件也是我们要达到你们的要求。”因此，根据上级部门的指导要求，各地区要结合自身承载能力和财力条件，梳理完善招商引资优惠政策，明确享受条件、适用范围、优惠幅度、兑现流程、执行期限等内容，防止不计成本、“血拼式”招商，避免地区之间的恶性竞争。

六、加强对驻点招商人员的培训

定期对驻点招商人员进行业务技能和招商引资理论培训和考察，内容可以涉及政府各类最新政策法规、产业结构、国土空间规划、环保、产业发展现状、项目包装策划、商务谈判技巧等，切实提高驻点招商人员会商谈判的专业水平。在培训中加大商业实践部分的比重，可增设商战模拟演练课程或者分批次组织某市驻点招商人员到其他驻点单位交叉考察、交流学习，了解不同地区各驻点单位工作开展情况和好的经验做法，充分锻炼驻点招商人员的实战能力，通过“以战代训”“学用结合”巩固培训成果。

七、强化驻点与行业部门的前后方联动

所谓“驻点招商”，就是脱离原来体制内的工作圈子，走向市场，充分发挥信息员的桥梁纽带作用。驻点招商人员要去了解和研究企业的短板与问题，即招商对象的短板是什么，最缺少的东西是什么，最需要解决的问题在哪里。通过“问题导向采取措施”的方式来掌握关键信息，并第一时间将信息精准反馈给后方，由后方作出研判和决定，与企业进行磋商，最终促进项目的落地。

八、突出地方政府驻点办事处的桥梁作用

发挥地方政府驻点办事处的政治优势，助推驻点招商工作，破解驻点招商信息渠道窄的困境。驻点办事处不仅是地方

政府驻点招商工作的一面旗帜，还是展现地方政府重视招商引资工作的重要窗口。目前，驻点招商工作中存在对接省直部门渠道少、获取的信息质量不高等问题。在下一阶段的驻点招商工作中，需要地方政府驻点办事处发挥定位层次上的组织优势：一是能帮助各县（市、区）对接上级部门，拓宽各驻点招商队的信息渠道，增加有效沟通；二是能辅助各县（市、区）收集意向信息，提高各驻点招商队项目对接转化率，提升招商实效；三是利用地方政府驻点办事处在省级部门的知名度，提前获知产业发展方向和发展政策，助力地方政府招商引资实现高质量发展。

九、依托离岸孵化器承接作用

结合地方政府离岸孵化器的目标定位，依托离岸孵化平台，设立产业联动中心，链接当地优势创新创业资源，通过科技创新项目离岸孵化，引进一批高端人才，并培育一批具有自主知识产权、创新水平高、竞争能力强的科技型企业。各驻点招商队经过筛选后，将符合地方发展定位的企业引荐到离岸孵化器入驻。与此同时，离岸孵化器需要发挥好项目落地“中转站”的效能，给予入驻企业注册公司地址，让入驻企业获得地方招商引资优惠政策扶持，促进入驻企业在离岸孵化器中茁壮成长。待入驻企业成长到适合项目落地时，支持项目到契合度最高的县（市、区）落地。政府参与优质企业“从幼苗到大树”的成长过程，实现招商实效最大化，建立“研发孵化在外地，产业基地在地方”的前店后厂离岸孵化模式，有效提高驻点招商实效，提升项目对接签约转化率。

十、完善驻点招商业绩考评机制，制定灵活管理制度

一是管理企业化，即各专业招商机构中的行政、事业编制人员，其本人干部身份不变，在组织部门、纪检部门的监督指导下接受企业化管理，进入第三方招商专业机构办公。二是业绩数据化，即制定驻点招商落地奖励政策，以结果论英雄，将日常驻点工作收集到的有效项目信息集中统计，以落地签约为导向，收集到的有效信息越多，奖励就越多；签约项目越大，奖励额度就越大。三是薪酬市场化，即招商人员同时接受招商办事处和第三方招商机构共同管理，在考核招商人员工作完成情况时，可在不违反组织、纪检部门规定的情况下，融入企业业务绩效给予激励，实施“本职底薪+第三方企业绩效”的收入方式，以提高招商人员的工作积极性。四是提高招商人员的政治待遇，即对招商业绩突出、表现一贯优秀的招商人员，将其表现纳入个人档案存档，通过组织推荐到相关部门任职或在评先表彰、提拔任用、职务晋升时予以优先考虑；对不能安排领导职务的，可在管理权限范围内适当提高其待遇；切实关心招商人员的工作、家庭和生活状况。五是健全完善容错激励机制，即要认真研判分析、仔细甄别，严格区分失职与失误、敢作为与乱作为的界限，宽容失误、容错纠错，为担当者撑腰鼓劲，充分激发招商人员的干事热情。

附 录

招商引资是推动经济社会发展、寻找新的经济增长点的重要支撑。同在招商行业，无论您是招商小白，还是招商老手，掌握招商引资相关知识和专业术语是必不可少的。为此，本书精心收集并整理了99个与招商引资相关的知识点，作为招商引资知识备忘录。

1.营商环境

营商环境是指市场主体在准入、生产经营、退出等过程中涉及的政务环境、市场环境、法治环境、人文环境等有关外部因素和条件的总和。营商环境包括影响企业活动的社会要素、经济要素、政治要素和法律要素等方面，是一项涉及经济社会改革和对外开放等众多领域的系统工程。

一个地区营商环境的优劣直接影响着招商引资的多寡，同时影响着区域内的经营企业，最终对经济发展状况、财税收入、社会就业情况等产生重要影响。良好的营商环境既是一个国家或地区经济软实力的重要体现，也是一个国家或地区提高综合竞争力的重要方面。

2.产业链招商

产业链招商是指围绕一个产业的主导产品及与之配套的原材料、辅料、零部件和包装件等产品来吸引投资，谋求共同发展，形成倍增效应，以增强产品、企业、产业乃至整个地区综合竞争力的一种招商方式。

3.链长制

“链长制”由“链主”和“链长”两个部分组成。“链主”指企业，是在产业链发展过程中由市场自发形成的，能够协调产业链上各个节点的活动，在产业链协调中会利用其主导地位实现自身利益最大化，淘汰产业链落后环节，引领产业链发展。“链长”指产业链的倡导者、支持者、维护者、守望者，往往由地方政府高级公务员和行业协会负责人担任。

“链长”通过产业政策引导产业链做大做强和转型升级，促进产业链协同发展，协调解决发展中遇到的重大困难问题。在产业链出现过度集中和过度控制情况时，“链长”推动产业链“链主”及关键控制者公开技术秘密或拆分市场份额，提升产业链的创新活力、竞争活力，促进产业链在竞争中持续发展壮大。

4.产业招商地图

产业招商地图是根据区域战略规划和产业发展需求，定制化绘制的潜在招商目标图系。它描绘了区域发展所重点关注的产业和技术在全球的分布与趋势，解构出细分技术领域的关联图谱，结合区域现有产业基础与优势，分析亟须突破的关键技术瓶颈和所需引入的配套或互补性产业环节，并能够根据需求实现全球范围的产业与技术搜索，最终锁定潜在目标企业、机构或个人。

5.产业转移

产业转移是发生在不同经济发展水平区域之间的一种重要的经济现象，是指在市场经济条件下，发达区域的部分企业顺应区域比较优势的变化，通过跨区域直接投资，把部分产业的生产转移到发展中区域，从而在产业的空间分布上呈现出该部分产业由发达区域向发展中区域转移的现象。产业转移对于区域经济结构调整及区域之间经济关系的优化具有重要意义，进而对部分企业的战略决策产生影响。

6.承接产业转移的主要模式

（1）成本降低型：东部沿海地区营商成本上升，使得对经营成本较为敏感的劳动密集型产业不断外迁。

（2）资源利用型：由于部分资源的稀缺和不可再生性，掌握上游资源供应成为资源消耗型制造企业提高竞争力的关键措施。

（3）市场开拓型：对以国内区域市场为主的企业而言，在发展壮大过程中，企业往往寻求打破地域局限，跨区域拓展市场，进而扩大企业知名度。

（4）集群吸引型：通过引进龙头企业，构建起产业的初步集聚效应后，吸引大量相关企业及其配套服务项目竞相前来投资、落户。

（5）策略投资型：策略投资型主要适用于以多元化经营为目标的企业。这些企业可利用中部地区经营不善的企业，通过合资合作、改制并购等方式注入资金，接继原公司的业务、技术或品牌，从而进入一个新的行业，拥有一项成熟的技术或拥有一个成熟的品牌。

7.产业结构

产业结构是发展经济学中的概念，产业结构也叫“产业体系”，是社会经济体系的重要组成部分。产业结构升级是通过产业内部各生产要素之间以及产业之间的时间、空间、层次相互转化，实现生产要素改进、产业结构优化和产业附加值提高的系统工程。经济主体和经济客体的对称关系既是最基本的产业结构，也是产业结构升级的最根本动力。

8.产业升级

产业升级涉及生产要素改进、结构改变、生产效率与产品质量提高，以及产业链升级，从而推动产品附加值提高。从微观来看，产业升级指一个企业中产品的附加值提高。

9.什么是第一、二、三产业

第一产业：农业、林业、牧业、渔业（不含农、林、牧、渔专业及辅助性活动）。

第二产业：采矿业（不含开采专业及辅助性活动），制造业（不含金属制品、机械和设备修理业），电力、热力、燃气及水生产和供应业，建设业。

第三产业：即服务业，除上述第一、二产业外的其他行业，范围比较广泛，主要包括批发和零售业，交通运输、仓储和邮政业，住宿和餐饮业，信息传输、软件和信息技术服务业，金融业等。

10.战略性新兴产业

战略性新兴产业是指以重大技术突破和重大发展需求为基础，对经济社会全局和长远发展具有重大引领带动作用，成长潜力巨大的产业。它体现为新兴科技和新兴产业的深度融合，既代表着科技创新的方向，也代表着产业发展的方向，具有科技含量高、市场潜力大、带动能力强、综合效益高等特征。

11.产业融合

产业融合是指农业、工业、服务业、信息业和知识业等在时间上先后产生、结构上处于不同层次的产业，在同一个产业、产业链、产业网中相互渗透、相互包含、融合发展的产业形态与经济增长方式。其以无形渗透有形、以高端统御低端、以先进提升落后、以纵向带动横向的手段，促使低端产业成为高端产业的组成部分，是实现产业升级的知识运营增长方式、发展模式与企业经营模式。

12.外资

外资是指其他国家或地区的投资者来本土以从事经济社会活动为主要目的，在遵守当地法律法规的前提下，遵循市场机制法则，本着互利互惠的原则通过独资、合资、参股等方式投入的资本。在我国，外资的利用方式主要分为3种，即外商直接投资（FDI）、对外借款和外商其他投资，其中FDI占有很大比例。

13.外资企业

外资企业是指外国企业、其他经济组织或个人依据中国的有关法律，在中国境内设立的全部资本由外国投资者投资，并由外国投资者独立经营、自负盈亏的企业。

14.内资

内资是指本地以外中华人民共和国境内（不包括港、澳、台地区）的企事业单位、社会团体及其他投资者，来本地以从事经济社会活动为主要目的，遵循市场机制法则，本着互利互惠的原则通过独资、合资、参股等方式投入的资本。不包括中央和各级政府的无偿捐赠等。

15.内资企业

内资企业是指以国有资产、集体资产、国内个人资产投资创办的企业，包括国有企业、集体企业、私营企业、联营企业和股份企业5类。

16.独角兽公司

独角兽公司一般指投资界对估值10亿美元以上，并且创办时间相对较短（一般为10年内）、还未上市的公司。

17.瞪羚企业

瞪羚企业是指创业后跨过死亡谷，以科技创新或商业模式创新为支撑进入高成长期的中小企业。其认定范围主要是产业领域符合国家和省战略性新兴产业发展方向，涵盖新兴工业、新一代信息技术、生物健康、人工智能、金融科技和节能环保等领域。

18.上市公司

根据《中华人民共和国公司法》第五章第五节的相关规定，上市公司（The Listed Company）指其股票在证券交易所上市交易的股份有限公司。

19.中外合资经营企业

中外合资经营企业是指外国公司、企业和其他组织或个人，经中国政府批准，按照平等互利的原则在中国境内同中国的公司、企业，或其他经济组织共同投资、共同经营、共担风险且共负盈亏的股权式经济组织。

20.招商引资

招商引资是指地方政府（或地方政府成立的开发区）吸收

投资（主要是非本地投资者）的活动。招商引资一度成为各级地方政府的主要工作，并且在各级政府工作报告和工作计划中多次出现。

21.招商引资的一般形式

- 有项目→找资金。
- 有资金→找项目。
- 有项目、有资金→找地方落户。
- 有项目、有技术、有品牌→找资金。
- 没项目、没技术、没资金→出让土地。

22.产业园区

产业园区是指以促进某一产业发展为目标而创立的特殊区位环境，是区域经济发展、产业调整升级的重要空间聚集形式，担负着聚集创新资源、培育新兴产业、推动城市化建设等一系列的重要使命。产业园区能够有效地创造聚集力，通过共享资源、克服外部负效应，带动关联产业的发展，从而有效地推动产业集群的形成。根据不同的分类角度可将产业园区划分为多种类型。最常见的类型包括物流园区、科技园区、文化创意园区、总部基地和生态农业园区等。

23.产城融合

产城融合是指产业与城市融合发展，以城市为基础，承载产业空间和发展产业经济，以产业为保障，驱动城市更新和完善服务配套，促使产业、城市以及居民之间形成有活力、持续向上发展的模式。这是在我国转型升级的背景下相对于产城分离提出的一种发展思路，要求产业与城市功能融合、与城市空间整合，实现“以产促城，以城兴产，产城融合”的发展模式。城市化与产业化要有对应的匹配度，不能一快一慢、脱节分离。产城融合发展不是一蹴而就的，因此要全面理解产城融合的内涵，从而提出更为合理的规划建议。

24.中国特色小镇

特色小镇是指具有特色、富有活力且集休闲旅游、商贸物流、现代制造、教育科技、传统文化、美丽宜居于一体的小镇。2016年，住房和城乡建设部、国家发改委、财政部决定在全国范围开展特色小镇培育工作，计划到2020年培育特色小镇1000个左右，引领带动全国小镇建设。

25.企业孵化器

孵化器本义指人工孵化禽蛋的专门设备，后来被引入经济领域。企业孵化器在中国也被称为“高新技术创业服务中心”，它通过为新创办的科技型中小企业提供物理空间、基础设施以及一系列的服务支持，降低创业者的创业风险和创业成本，提高创业成功率，促进科技成果转化，从而培养成功的企业和企业家。

26.飞地经济

飞地经济是指打破区划限制，以国务院批准的各类开发区为主要载体，在平等协商、自愿合作的基础上，以生产要素的互补和高效利用为直接目的，在特定区域合作建设和开发各种产业园区，通过规划、建设、管理和利益分配等合作和协调机制，实现互利共赢的区域经济发展模式。

27.总部经济

总部经济是指一些区域由于自身特有的优势资源吸引企业总部集群布局，形成总部集聚效应，并通过“总部—制造基地”功能链条辐射带动生产制造基地所在区域发展，由此实现不同区域分工协作、资源优化配置的一种经济形态。

28.洼地效应

在经济发展过程中，人们把“水往低处流”这种自然现象引申为一个新的经济学概念，叫作“洼地效应”。从经济学理论角度来讲，“洼地效应”就是地区利用比较优势，创造理想的经济和社会人文环境，使之对各类生产要素产生更强的吸引力，从而形成独特竞争优势，吸引外来资源向本地区汇聚、流动，弥补本地资源结构上的缺陷，促进本地区经济和社会的快速发展。简言之，即一个区域与其他区域相比，环境质量更高，对各类生产要素具有更强的吸引力，因而形成独特竞争优势。

29.放管服

“放管服”是简政放权、放管结合、优化服务的简称。“放”即简政放权，降低准入门槛；“管”即创新监管，促进公平竞争；“服”即高效服务，营造便利环境。

30.高新技术产业

高新技术产业是以高新技术为基础，从事一种或多种高新技术及其产品的研究、开发、生产和技术服务的企业集合。这种产业所拥有的关键技术往往开发难度很大，但一旦开发成功，就具有高于一般产业的经济效益和社会效益。高新技术产业是知识密集、技术密集的产业类型，其产品的主导技术必须属于已确定的高新技术领域，而且必须包括高新技术领域中处于技术前沿的工艺或技术突破。根据这一标准，高新技术产业主要包括信息技术、生物技术、新材料技术三大领域。

31.先进制造业

先进制造业是相对于传统制造业而言的，指不断吸收电子信息、计算机、机械、材料以及现代管理技术等方面的高新技术成果，并将这些先进技术综合应用于制造业产品的研发设计、生产制造、在线检测、营销服务和管理的全过程，实现优质、高效、低耗、清洁、灵活生产，即实现信息化、自动化、智能化、柔性化、生态化生产，取得很好经济收益和市场效果的制造业。

32.亩产论英雄

亩产论英雄是将农业领域的“亩产”概念引入工业领域，进行工业企业效益评价，其实质是以最小的资源环境代价，获得最大的效益产出。绍兴市把“亩产论英雄”作为转变经济发展方式的基本理念，作为全面落实科学发展观的具体举措，作为检验经济又好又快发展的重要标准。在具体做法上，绍兴市注重从体制机制上入手，探索和完善“亩产论英雄”的导向、约束、评判等机制，倒逼企业走上科学发展之路，从而提高单位产出率。

33.投资环境

投资环境指工业和服务业的配套能力。政府需要分析当地产业发展状况和产业优劣势，制定当地产业发展规划，选出重点支柱产业，给予重点支柱产业政策扶持，使其加快发展，从而延长产业链和培育服务体系。

34.土地指标

土地指标是指政府为保护耕地面积，对建筑面积和其他项目实施的控制手段。上级下达给本级的用地和耕地保有量指标，包括耕地保有量、基本农田保护面积、城乡建设用地规模、建设用地总规模、城镇工矿用地规模、新增建设用地规模、新增建设用地占用农用地和耕地规模等。

35.土地出让分类

土地出让按土地用途一般分为5类，即商业用地出让、综合用地出让、住宅用地出让、工业用地出让和其他用地出让。《中华人民共和国城镇国有土地使用权出让和转让暂行条例》第十二条规定，土地使用权出让的最高年限为：居住用地70年；工业用地50年；教育、科技、文化、卫生、体育用地50年；商业、旅游、娱乐用地40年；综合或其他用地50年。

36.土地出让方式

土地出让方式是指土地使用权取得者取得用地的一种方式，也是土地资产处置的一种方式。土地出让方式有挂牌、协议出让、招标和拍卖4种。

37.土地流转

土地流转是指土地使用权流转。土地使用权流转，是指拥有土地经营权的农户将土地经营权（使用权）转让给其他农户或经济组织，即保留承包权，转让使用权。

38.工业用地

工业用地是指独立设置的工厂、车间、手工业作坊、建筑安装的生产场地、排渣（灰）场地等用地。工业用地可进一步细分为一类、二类、三类工业用地。一类工业用地，即对居住和公共设施等环境基本无干扰和污染的工业用地，如电子工业、缝纫工业和工艺品制造工业等用地。二类工业用地，即对居住和公共设施等环境有一定干扰和污染的工业用地，如食品工业、医药制造工业和纺织工业等用地。三类工业用地，即对居住和公共设施等环境有严重干扰和污染的工业用地，如采掘工业、冶金工业、大中型机械制造工业、化学工业、造纸工业、制革工业和建材工业等用地。

39.生地、毛地、净地、熟地

一般而言，生地、熟地重点着眼于建设，而毛地、净地更多着眼于出让。

（1）生地：国土局尚未出让、拍卖、划拨土地使用权的土地。

（2）毛地：在城市旧区范围内，尚未经过拆迁安置补偿等土地开发过程、不具备基本建设条件的土地。也指地上存在需要被拆除的建筑物、构筑物等其他设施的土地。

（3）净地：已经完成拆除，地面平整，并且不存在未被拆除的建筑物、构筑物等其他设施的土地。与其相对的是毛地。从物质的角度来讲，净地是指完成基础设施配套，场地内达到开工条件的土地；从权属的角度来讲，净地是指没有设定他项权利，土地占有、使用、收益和处分等权利不受限制的土地。

（4）熟地：经过征地、拆迁和市政基础设施投入，可直接用于建设的土地。

40.土地储备

土地储备是指各级人民政府依照法定程序在批准权限范围内，对通过收回、收购、征用或其他方式取得土地使用权的土地，进行储存或前期开发整理，并向社会提供各类建设用地的行为。

41.土地投资

土地投资是以土地为载体，或以土地为投资对象，通过对土地进行开发，促进土地增值，从而获得收益的投资活动。一般直接进行的土地投资具有位置固定（属于不动产投资）、投资额较大、资金占用时间长和增值明显等特性。

42.厂房知识及分类

厂房是指主要用于从事工业制造、生产、装配、维修和检测等活动的房屋。

（1）按建筑结构分类，可分为标准结构、排架结构、框架结构、砖混结构和钢铁结构。

（2）按建筑层数分类，可分为单层（一层）、双层（两层）、多层（两层以上）和独栋（独门独院）。

（3）按适用功能分类，可分为以下3类。

①机械加工制造、重工类：一般要求单层，而且对厂房的高度、地面承重有要求，部分行业要求有行车梁，可以装行车（吊车）。

②轻纺电子加工类：双层和多层厂房即可，为方便原料、货物进出，一般要求有载重2吨或2吨以上的工业货梯。

③食品化工类：除了房屋结构外，对房屋的配套有一些要

求，例如配有环保、消防、排污等设施。

43.标准厂房及基本要求

标准厂房是指在指定区域内统一规划，具有通用性、配套性和集约性等特点，主要为中小工业企业集聚发展和外来工业投资项目提供生产经营场所的发展平台。标准厂房的“标准”与行业性质有关，因为各行业的标准厂房的用途、结构、设备和资金等情况不同。因此，不同行业没有统一的标准厂房；相同行业在一定范围内有一定的标准规范，但这种“标准”也是相对而言的。

标准厂房的基本要求如下。

（1）设备的安装应符合要求，包括设备间距、工艺流程的合理性等。

（2）安全通道宽度要大于1.4米，主通道宽度应大于3米，人行通道宽度要大于0.8米。

（3）消防设计要合理，并保证符合消防安全要求，要求与办公室装修及写字楼装修一样。

（4）厂房内要有区域划分，包括加工区、产品存放区、原料存放区和休息区等。

（5）配电、照明等动力柜需符合安全要求。

（6）标语、标识、操作规程和定置图要醒目，需设有宣传栏。

（7）定置管理：其他要求根据产品结构合理规划定置。

44.建筑密度

建筑密度是指建筑物的覆盖率，具体指项目用地范围内所有建筑的基底总面积与规划建设用地面积之比，它可以反映一定用地范围内的空地率和建筑密集程度。

45.用地容积率

用地容积率又称“建筑面积毛密度”，具体指项目用地范围内地上总建筑面积（必须是正负0标高以上的建筑面积）与项目总用地面积的比值（容积率是衡量建设用地使用强度的一项重要指标）。

46.建筑系数

建筑系数是指建筑用地范围内所有建筑物占地的面积与用地总面积之比，以百分率计，用以说明建筑物分布的疏密程度、卫生条件及土地利用率。合理的建筑系数应在节约用地的原则下，尽可能满足建筑物的通风、采光、防火和防爆等方面的空间要求，并保证有足够的道路、绿化和户外活动场地。

47.投资强度

投资强度指固定资产投资额（包括厂房、设备和地价款）除以土地面积的值，是衡量开发区土地利用率的重要标准。投资强度、投资总额和注册资本之间存在一定联系，其中前两者之间存在一定的逻辑关系。

48.固定资产投资

固定资产投资是以货币形式表现的，反映企业在一定时期内建造和购置固定资产的工作量以及与此有关的费用变化情况。固定资产投资统计的范围包括基本建设投资、更新改造投资、房地产开发投资、其他固定资产投资等。

49.固定资产投资额

固定资产投资额是以货币形式表现的在一定时期内建造和购置固定资产的工作量以及与此有关的费用的总称。它是反映固定资产的投资规模、速度和投资比例关系的综合性指标，是国家规定投资计划和控制投资规模的重要依据。自1989年1月起，国家将其作为定期公布的8项重要经济指标之一。一般公布的是全民所有制单位基本建设和更新改造自年初至报告月止累计完成的固定资产投资额。固定资产投资额按其构成内容可分为建筑工程、安装工程投资，设备工器具购置投资及其他费用。

50.土地出让金

土地出让金作为政府性基金的重要组成部分，是指各级政府土地管理部门将土地使用权出让给土地使用者，按规定向受让人收取土地出让的全部价款（指土地出让的交易总额），或土地使用期满，土地使用者需要续期而向土地管理部门缴纳的续期土地出让价款，或原通过行政划拨获得土地使用权的土地使用者，将土地使用权有偿转让、出租、抵押、作价入股和投资，按规定补交的土地出让价款。

51.土地出让金一般计算办法

（1）有实际成交价的，且不低于所在级别基准地价平均标准的，按成交价不低于40%的标准计算土地出让金，若成交价低于基准地价平均标准的，则依照全部地价的40%计算。

（2）当发生转让的划拨土地使用权补办出让时，按基准地价平均标准的40%计算。

（3）通过以上方式计算的土地出让金数额，土地使用权受让人有异议的，由受让人委托有资质的土地估价机构进行评估，按评估价的40%计算土地出让金。

（4）划拨土地使用权成本价格占土地价格的比例不得高于60%，在以划拨土地使用权价格计算出让金时，必须将成本价格换算成市场土地价格，再按不低于40%的标准计算土地出让金。

52.PPP

PPP（Public-Private-Partnership），即政府与社会资本合作，是指在公共服务领域，政府采取竞争性方式选择具有投资、运营管理能力的社会资本，双方按照平等协商原则订立合同，由社会资本提供公共服务，政府依据公共服务绩效评价结果向社会资本支付对价。PPP是以市场竞争的方式提供服务，主要集中在纯公共领域和准公共领域。PPP不仅是一种融资手段，在某种程度上还是一种体制机制变革，涉及行政体制改革、财政体制改革、投融资体制改革。

53.BOT

BOT（Build-Operate-Transfer），即“建设—经营—移交”，实质上是基础设施投资、建设和经营的一种方式，以政府和私人机构之间达成协议为前提，由政府向私人机构颁布特许，允许其在一定时期内筹集资金建设某一基础设施并管理和经营该设施及其相应的产品与服务。政府对私人机构提供的公共产品或服务的数量和价格可以有所限制，保证私人资本具有获取利润的机会。整个过程中的风险由政府和私人机构分担。当特许期限结束时，私人机构按约定将该设施移交给政府部门，转由政府指定部门经营和管理。

54.BT

BT（Build-Transfer），即“建设—移交”，是政府利用非政府资金来进行非经营性基础设施建设项目的一种融资模式。BT模式是BOT模式的一种变换形式，指项目由项目公司总承包，项目融资、建设和验收合格后移交给业主，业主向投资方支付项目总投资款和合理回报。目前采用BT模式筹集建设资金成为项目融资的一种新模式。

55.招标方式

招标按竞争开放程度，分为公开招标和邀请招标两种方式。

（1）公开招标。属于非限制性竞争招标，这是一种充分体现招标信息公开性、招标程序规范性、投标竞争公平性，大大降低串标、抬标和其他不正当交易的可能性，最符合招标投标优胜劣汰和“三公”原则的招标方式，是常用的采购方式。

（2）邀请招标。属于有限竞争性招标，也称“选择性招标”。邀请招标适用于因涉及国家安全、国家秘密、商业机密、施工工期或货物供应周期紧迫、受自然地域环境限制只有少量几家潜在投标人可供选择等条件限制而无法公开招标的项目，或者受项目技术复杂和特殊要求限制，且事先已经明确知道只有少数特定的潜在投标人可以响应投标的项目，或者招标项目较小，采用公开招标方式的招标费用占招标项目价值比例过大的项目。

56.投资密度

投资密度是指单位面积内吸收投入的资金数量，工业园区投资密度主要指工业园区累计投资额（包括园区和企业的基础设施投入、购地投入、基建投入、设备投入及其他投入）与建成面积的比值。

57.投资回收期

投资回收期亦称“投资回收年限”，是指投资项目投产后获得的收益总额达到该投资项目的投资总额所需要的时间（年限）。投资回收期的计算有多种方法。按回收投资的起点时间不同，分为从项目投产之日起计算和从投资开始使用之日起计算两种；按回收投资的主体不同，分为社会投资回收期和企业投资回收期；按回收投资的收入构成不同，分为盈利回收投资期和收益投资回收期。

58.资产评估

资产评估是指由专门的机构和专业人员，依据国家相关法律、法规、政策和调查研究所获得的资料，根据特定目的，遵循一定的工作原则、程序和标准，采用相应的经济原则和适当的计算方法，重新确定某种资产价值的工作。简言之，资产评估是指对资产某一时点的价格进行估算。

59.外资质量评价的基本标准

（1）是否符合国家的产业政策。

（2）是否符合国家的区域外资政策。

（3）技术水平是否先进适用。

（4）项目是否符合环保要求。

（5）能否提高原企业的经营管理水平。

（6）是否创造了中国自己的品牌。

（7）合资企业是否由本国资本掌握控股权。

（8）合资产品的市场结构是否优化。

（9）合资是否有利于增强原有企业的活力。

（10）合资企业的利税指标是否达到要求。

（11）合资企业是否具有长期持续发展的后劲。

60.外来客商的哪些投资可以计算为实际进资

（1）农业开发、生产项目中，当年实际投入的生产成本。

（2）房地产开发（含市场建设开发）项目中，受让土地投资、基础工程费和拆迁安置费。

（3）以设备、技术、商标和知识产权作价的资金。

（4）在银行长期贷款（1年及以上）用于企业发展投入的资金。

（5）与驻市大中型企业合作开发项目的投资额。

（6）捐赠用于生产性项目和社会公益事业的资金。

（7）企业的流动资金（按当年投资某月份的财务报表计算），但流通、咨询、中介服务类企业只认定固定资产投资。

（8）各部门争取上级计划之外的资金。

61.外商投资企业如何办理退税手续

（1）纳税人申请减税、免税，应向主管税务机关提出书面申请，并按规定附送有关资料。

（2）减税、免税的申请须经法律、行政法规规定的减税、免税审查批准机关审批。

（3）纳税人在享受减税、免税待遇期间，仍应按规定办理纳税申报，并按税务机关的规定报送减免税金统计报告。

（4）纳税人必须按照法律、行政法规以及税务机关的规定使用减免税金。对不按规定用途使用的，税务机关有权取消减税、免税，并追回已减免的税款。

（5）纳税人享受减税、免税的条件发生变化时，应当及时向税务机关报告，经税务机关审核后停止其减税、免税。对不报告的，税务机关有权追回已相应减免的税款。

（6）减税、免税期满，纳税人应自期满次日起恢复纳税。

62.M0用地

M0（新型产业用地）是在工业用地（M类）中增加的新型产业用地，主要为了满足产业转型升级需求。

M0是为适应传统工业向新技术、协同生产空间、组合生产空间及总部经济、2.5产业等转型升级需要而提出的城市用地类型，即融合研发、创意、设计、中试、无污染生产等新型产业功能以及相关配套服务的用地。

63.三通一平、五通一平、七通一平、十一通一平

三通一平是建设项目在正式施工以前，施工现场应具备水通、电通、道路通和场地平整等条件。

五通一平是建筑中为合理有序施工而进行的前期准备工作，一般包括通水、通电、通路、通信、通排水和平整土地。

七通一平指基本建设中前期工作的道路通、给水通、电通、排水通、热力通、电信通、燃气通及土地平整等的基础建设。

十一通一平是施工现场应具备道路、给水、雨水、污水、供热、电力、工业蒸汽、天然气、通信、互联网、有线电视网

的基础设施通达和土地平整条件。

64.产业园区类型

（1）特色产业园区是专门为从事某种产业的企业而设计的园区，园区的产业定位明确。这种园区一般是在区域特色工业，即地方企业集群发展到一定阶段后才出现的。

（2）产业开发区式的产业发展方式往往是政府或企业在没有切实产业基础的地区征用土地完善基础设施，然后运营相关成熟模式来形成园区，加上通过优惠政策招商引资，吸引企业进驻。所谓“筑巢引凤”，就是先建园区后引产业的发展模式。

（3）按其类型可分为物流园区、科技园区、文化创意园区、总部基地和生态农业园区等。

65.政府引导基金

政府引导基金又称“创业引导基金”，是指由政府出资，吸引有关地方政府、金融机构、投资机构和社会资本，不以营利为目的，以股权或债权等方式投资于创业风险投资机构或新设创业风险投资基金，以支持创业企业发展的专项资金。

66.工业用电

工业用电是指主要从事大规模生产加工行业的企业用电，多为三相380伏供电，或者直接高压电线进户。

67.大工业电价

大工业电价是指用户受电变压器总容量（包括不经过受电变压器的高压电机容量）在315千伏安及以上的电冶炼、烘焙、电解和电化的工业生产用电电价，以及机关、部队、学校、学术研究和试验等单位的附属工厂，在其生产产品纳入国家计划或对外承受生产及修理业务时的用电电价。

68.市场化招商引资

市场化招商引资是指依靠市场机制发挥作用，通过市场经济配置资源，由政府部门退出主导位置让位于企业和其他社会组织的一种招商引资模式。招商引资本质上是一种市场活动，其主体应该是市场与社会。因此，随着市场经济体制的完善，市场化招商引资自然浮出水面，成为新时期招商引资的理想模式。

69.项目包装

项目包装是项目发掘、论证、包装、推介、开发和运营全过程的一揽子计划。项目实施的成功与否，除其他条件外，首要的一点就是所包装的项目是否具有足够的吸引力来吸引资本的投入。

70.项目包装应当重点把握如下问题

（1）要认真学习市场经济理论，掌握与项目包装相关的知识。

（2）项目包装要符合国家产业发展政策，符合当地经济社会发展的需要。包装项目时要看项目是否具有市场效益和发展前景，看项目是朝阳产业还是夕阳产业，看项目是短期见效还是长期才能收回成本。要深刻认识到项目包装的目的是要让投资者在短时间内选择既是政府需要的，又是投资风险较小的和发展前景好的项目。

71.项目编制方法

（1）按照省招商合作局统一的格式进行编制。

（2）在项目概况方面，着重介绍实施该项目的目的、必要性依据、拥有的资源状况和拟选址情况。

（3）在项目建设内容上，应该说明项目准备建设的生产规模及其投资额有多大。

（4）在效益分析上，应着重分析实施该项目的年产值有多大，投资利润率有多高，所带来的社会效益如何。

（5）在市场前景方面，应分析国际国内对该产品的需求情况、现有产能、市场空间有多大以及未来的发展前景怎么样。

72.项目评估指标

（1）项目主体产能规模和项目投资总额。

（2）项目所属产业是否符合产业园区的产业规划。

（3）项目效益评估（主要指税收）。

（4）项目达效速度。

（5）投资项目产业发展前景。

（6）环境影响。

（7）是否属外资项目。

73.园区招商的主要环节构成

客户拜访—接听电话—预约来访—接待客户—客户跟进—客户洽谈—合同签订—回款保障—装修入驻—园区服务。

74.产业园区招商的4个阶段

阶段一：开发前期招商，是指产业园区开发商在项目市场定位、规划设计期间就需要进行的招商工作，通常指大的主导企业招商、大型项目招商等。

阶段二：开发中期招商，是指开发商为了推动整个项目的招商，按照项目的市场定位进行有选择的、大型企业的招商。

阶段三：开园招商，主要是为了项目顺利开业所进行的招商工作。

阶段四：开园后招商，是指项目开业后进行的招商工作，根据园区定位进一步调整。

75.产业园区招商特点

特点一：招商是一个系统工程。产业园区招商是一项科学而系统的工程，具有难度大、涉及面广、时间跨度大和短时效果不明显等特点。

特点二：招商周期长。产业园区成功招引一家投资企业的周期为6～8个月，而招进大型企业耗费的时间往往在一年以上。

特点三：对招商从业人员要求高。产业园区是一个完整的产业链，必须有完备的产业计划和雄厚的资金实力，还要有一批既懂地产又懂产业的复合型人才和专业化团队。

76.产业园区招商原则

招商是产业园区的重点工作，但是“见商即招”的做法不可取，招商中需要遵循以下原则。

（1）突出重点产业：明确产业发展目标，突出重点产业招商，抓龙头促集群，以重大项目带动产业跨越。

（2）突出重点区域：瞄准重点区域，即珠三角、长三角、京津冀等地区，集中人力、物力，开展针对性招商。

（3）突出园区特色：结合自身区域内产业分布特点，整合优质资源，形成主导产业，打造园区特色产业。

（4）产业集聚原则：结合实际和自身优势，研究确立园区发展的主导产业。积极引入高端、总部型、规模大、产出高的产业类项目，培育壮大园区主导产业和特色产业。

（5）质量优先原则：严格执行项目引进参考标准，对引入项目进行全面、客观、科学的评价，认真进行可行性分析。对能够促进产业聚集，形成区域品牌的项目，需予以重点扶持。

77.产业园区招商模式

（1）购地自建：入园企业根据自身发展需求购买土地，自主投资建厂。

（2）厂房出售或出租：园区根据入园企业需求量身定做厂房，以出租方式转让使用权或以出售方式转让产权。

（3）定向开发：企业定制业务是指根据企业的生产办公特殊需求，进行物业的“量身定制”，单独规划计划，建设物业交由企业使用，并提供入住后服务。

（4）先租后买：园区按投资者要求修建厂房，先租后买。

（5）合资合作：园区以土地或厂房入股，入园企业以设备、技术等作为投入，合资或合作组建新的公司。

78.产业园区招商工作流程

（1）招商前准备。

①对园区进行市场调查和目标客户分析。

②确定招商条件和对象。

③确定经营模式：投资经营、委托经营、租赁经营、直接

经营、虚拟经营。

④制定招商优惠策略。

⑤拟定整体招商方案。

⑥战略性地制定客户招商月计划、周计划。

⑦招商人员准备。

⑧招商材料前期准备。

（2）初期开发阶段。

①开发客户，对客户信息归档及完善。

②选信息，审核。

③研究项目，填写信息表及项目表。

④做项目材料，研究企业。

⑤进行拜访、接洽。

（3）中期洽谈阶段。

①了解客户需要，站在客户立场帮企业分析。

②详细询问企业的各项标准。

③进行目标客户开发、拜访、接洽。

④介绍园区，推荐厂房。

⑤带客户到现场商洽项目，提供投资建议并做好跟踪、备案。

⑥双方确定合作对象、签订招商意向书，客户交纳定金。

⑦与客户沟通、谈判，并根据需求进行方案修改，直至获得客户认可。

⑧项目评估。

⑨项目跟踪（追踪）。

⑩签订协议或草签合同。

（4）后期签订与注册阶段。

①签订租赁合同，确定当地优惠政策。

②收取租金及注册材料。

③协助客户在当地注册公司。

④长期服务。

79.招商引资工作中的法律风险

（1）项目可行性法律论证问题。

（2）投资方资信及履约能力问题。

（3）签约主体问题。

（4）出资问题。

（5）土地使用权相关问题。

（6）优惠政策问题。

（7）政府担保问题。

（8）合同权利与义务失衡问题。

（9）违约责任问题。

（10）合同条款与文字表述规则问题。

80.产业园区开发模式

园区综合模式、地产商模式、企业自用模式、基金模式和政府开发模式等。

81.产业地产

产业地产是围绕微笑曲线构建的产业价值链一体化平台，以产业为依托，以地产为载体，从而实现土地的整体开发与运营。它是一种以独栋写字楼、高层办公楼、标准厂房、中试研发楼为开发对象，整合自然资源、社会资源和经济资源等，打造产、学、研产业集群，帮助政府改善区域环境、提升区域竞争力，帮助企业提升企业形象、提高企业发展力的新型产业形式。

82.物流地产

物流地产是经营专业现代化物流设施的载体，是房地产开发企业出于对利润的追求，根据物流企业客户需要，选择一个合适的地点，投资和建设企业业务发展所需的现代物流设施。物流地产属于工业地产的范畴，指投资商投资开发的物流设施，例如物流仓库、配送中心、分拨中心等，这里的投资商可以是房地产开发商、物流商和专业投资商。现代物流地产的范畴包括物流园区、物流仓库、配送中心和分拨中心等物流业务的不动产载体。同传统的物流地产相比，现代物流地产更强调管理的现代化、规模效应、协同效应。

83.企业选址的原因

投资新办、增产扩容、战略性搬迁、增设分厂和政策牵引等。

84.企业选址需要考虑的因素

选位：地区政策、目标市场、原材料供应、运输条件、协作厂家的位置、劳动力资源、气候条件和基础设施条件等。

定址：场所大小和成本、周边环境、地质条件、可拓展条件和员工生活方便性等。

85.企业选址的4个阶段

第一阶段：地址筛选。

第二阶段：实地考察。

第三阶段：协商洽谈。

第四阶段：执行投资计划。

86.影响企业家投资的因素

市场潜力、生产资源、产业基础、投资经营成本、区位交通、基础设施和生活配套是否完善。

87.产业园区招商成功的核心点

（1）市场情况调查：对市场真实需求的把握是招商成功的关键之一，招商负责人必须随时了解市场变化的情况，包括需求变化、政策变化、环境变化和竞争对手等。

（2）园区的功能定位：定位是否准确与完善，是关系到企业入驻后未来发展的关键要素，也是能否增强企业信心的关键。

（3）完善的营销推广方案：形象与主题的成功定位，能吸引大量关注的眼光，提高成功的概率。

（4）精密的招商执行方案：招商工作就如同去战场打仗，没有安排和计划的作战方案，失败是必然的结果。

（5）招商团队的组建：人才战略、资源整合是关键，不同行业的资源整合在一起，对招商的成功起到重要的作用。

（6）招商政策的执行：在市场实操过程中，多渠道、多方式开展招商工作，及时调整主攻策略，是决定项目成功的关键。

（7）策略调整：在实际招商过程中，经常会出现招商政策不符合市场需求或招商策略失误的情况，这便需要招商团队负责人在实际执行过程中，及时发现问题，并对招商政策及招商策略进行及时的调整。

88.政府园区招商渠道

（1）行业渠道：行业信息平台包括行业网络、网络论坛、QQ、微信群和招商会等。行业渠道是最有效、最具针对性的。利用行业渠道招商，对后期工作能起到事半功倍的效果。

（2）信息渠道：与和项目相关的信息咨询机构建立关系，利用利益互补，建立长期合作关系。

（3）业界渠道：依托业界同行的渠道，如中国产业地产联盟等，开展招商工作。

（4）人脉渠道：人脉渠道是渠道建设重要的组成部分。人脉渠道的开发平台包括相关讲座、演讲、论坛、晚会和行业活动等。

89.政府园区招商引资的方式

（1）资源招商：指依靠当地的优势资源，引进投资项目。例如，一个地区有优质农产品、丰富的煤炭资源，可积极引进一批煤化工、农产品开发、矿产资源开发和商贸物流项目。充分利用当地的优势资源，进行针对性的资源招商，以资源换项目，将优势资源配置给优质企业，降低企业的运营成本，让企业看到“投资”的效益，从而吸引企业前来投资建设项目。

（2）项目招商：项目招商是指园区不但提供场所，而且还提供项目，用园区的项目来招商。

（3）产业招商：以产业为依托，借助当地比较有优势和合理的产业定位，围绕产业的主导产品及其上下游产品进行招商，有意识地选择符合本地产业需求的项目进行重点攻关引进，对优化当地产业结构起到积极作用，并形成产业聚集，进一步积累资本。

（4）活动招商：以举办会议活动来招商是一种效果非常好的方法，即举办和参加各种会议，广泛接触交流，以此来寻找合适的且有投资欲望的合作伙伴，并在会议上面对面宣传园区项目的情况，现场与投资企业互动交流。

（5）展会招商：通过各种方式和渠道吸引参展商、赞助商、合作伙伴、目标观众等参与展会。观众是展会成功举办不可或缺的因素，拥有一定数量和质量的观众是一个成功展会的重要标志之一。一般来说，“招商比招展更重要”，展会成功的关键在于招商。

（6）商会招商：指利用本地以及其他各地的商会，走访各地的同乡商会、行业商会、基层商会、私企协会、台商协会以及代表性企业，拜访商会领导，会晤企业界人士，就加强双方交流合作进行深入探讨。主动请他们进来，积极邀请他们来实地考察。

（7）上门招商：也可以叫“敲门招商”“登门招商”，是一种最直接的招商方式，其招商效果显著。主要是园区在确定招商群体后，有针对性、有目的地进行走访和沟通，传达园区的招商信息，进而进行招商。

（8）驻点招商：在目标企业聚集的地方，园区可以考虑派招商人员驻点招商，设立招商分部，减少招商人员来回的成本。

（9）中介招商：通过专业的投资中介机构，将招商项目推向相关投资市场，然后通过公开、公平、公正的严格程序，由专业机构为招商方选择合适的合作伙伴和投资者。

（10）传媒招商：主要包括在报纸、杂志、广播、网络等媒体上进行招商宣传，刊登招商项目，进行项目推介，从而吸引有投资意向的投资者前来考察投资。

（11）广告招商：刊登园区招商广告是目前大多数园区开展招商最常用的一种方法，园区招商广告方式可以多样化，但是成本相对较高。因此，一定要针对特定的目标企业和区域选择相应的广告方式，以提升宣传的效果。

（12）网络招商：通过网络这一工具，发布信息、收集信息、整理信息、联络投资者及服务投资者，从而让投资者街道并了解园区，最终达到招引企业入驻的目的。

（13）以商招商：借助企业的信息渠道、商务渠道和人脉资源，能以最小的成本获取最大的效应。园区可以将广泛开展以商招商工作作为对外开放招商的突破口。

（14）委托招商：在重点区域的城市有选择地聘请有实力、有资源的企业家、知名人士、商会组织和中介服务机构，以及在园区的外来投资者和投资企业中选聘招商代表，签订代理合同，委托并鼓励他们帮助联系其他投资者来园区置业投资。

（15）关系招商：关系招商是指要利用好政府的关系和园区投资者的关系进行招商。

（16）优惠招商：指通过各种政策上的优惠吸引企业入驻，园区一般在项目初建时期都要依靠政策优惠招商，通过各种政策上的优惠吸引企业。

90.产业园区品牌传播策略

第一步：构建产业园区品牌策略平台。

第二步：构建产业园区广告传播概念平台。

第三步：确定产品销售和招商的传播概念。

第四步：构建产业园区广告执行平台。

91.发布园区招商信息的常用渠道

（1）通过宣传媒介传播：通过报纸、杂志、新闻发布会、行业管理部门内部刊物和互联网招商平台等招商。

（2）通过中介机构传播：通过专门的招商引资平台投放广告，捕捉意向客户。

（3）私人介绍：私人介绍带有信任成分，通过洽谈大都能够进入考察阶段，成功率较高。

（4）直接联系：通过电话簿等企业登记渠道，查询到潜在投资者的联系方式并直接发函或致电。

92.可以免缴土地使用税的土地

（1）国家机关、人民团体、军队自用的土地。

（2）由国家财政部门拨付事业经费的单位自用的土地。

（3）宗教寺庙、公园、名胜古迹自用的土地。

（4）市政街道、广场、绿化地带等公共用地。

（5）直接用于农、林、牧、渔业的生产用地。

（6）经批准开山填海整治的土地和改造的废弃土地，从使用月份起免缴土地使用税5～10年。

（7）由财政部另行规定免税的能源、交通、水利设施用地和其他用地。

93.可以减免土地使用税的土地

根据《国家税务局关于检发〈关于土地使用税若干具体问题的解释和暂行规定〉的通知》，下列土地由省、自治区、直辖市地方税务局确定减免土地使用税。

（1）个人所有的居住房屋及院落用地。

（2）房产管理部门在房租调整改革前经租的居民住房用地。

（3）免税单位职工家属的宿舍用地。

（4）民政部门举办的安置残疾人占一定比例的福利工厂用地。[此条已废止。《财政部 国家税务总局关于安置残疾人就业单位城镇土地使用税等政策的通知》规定，对在一个纳税年度内月平均实际安置残疾人就业人数占单位在职职工总数的比例高于25%（含25%）且实际安置残疾人人数高于10人（含10人）的单位，可减征或免征该年度城镇土地使用税。具体减免税比例及管理办法由省、自治区、直辖市财税主管部门确定]

（5）集体和个人开办的各类学校、医院、托儿所、幼儿园用地。（此条已修改。《财政部 国家税务总局关于教育税收政策的通知》规定，对国家拨付事业经费和企业办的各类学校、托儿所、幼儿园自用的房产、土地，免征房产税、城镇土地使用税）

94.园区招商培训的核心内容

（1）园区项目知识培训。

（2）沟通技巧培训：接听电话、接待语言、洽谈技巧和仪表举止等。

（3）招商专业知识培训：招商流程、谈判技巧和表格填写等。

（4）招商要领培训：招商的战略步骤、目标分解、企业定位、合同解读、市场操作方案、常见问题的解答与应对等。

95.招商谈判前需要掌握的内容

（1）熟悉政策法规。

（2）了解投资环境。

（3）清楚项目现状。

（4）具备谈判所需的策略和艺术。

96.招商谈判前需要做的准备工作

（1）谈判人员的组成：谁主谈，谁配合，谁做顾问，各种角色要齐备，事先要有明确的分工。谈判人选必须慎重考虑，招商谈判人员必须注重平时的学习和实战训练，不断提高自己的综合谈判素质和能力。

（2）谈判材料的准备：招商项目材料的准备。招商项目材料一般包括环境材料、招商主体资料、招商项目资料、招商技术资料和商标与专利资料以及法律文件。

97.招商谈判的基本过程

（1）导入阶段：这个阶段主要是让参与者互相介绍，通过自我介绍和互相介绍，使参与者互相有一个大致的了解。

（2）概述阶段：概述的目的是表达自己的目的和想法，但不能和盘托出，同时隐藏摸底对方的意图。

（3）明示阶段：谈判一般无外乎4个问题，即自己所求、对方所求、彼此互相所求和没有表露的内蕴需求。

（4）交锋阶段：交锋阶段是在谈判中双方坚持立场的对抗阶段。

（5）妥协阶段：交锋阶段不会永远僵持下去，接下来是一方的妥协或双方的共同妥协。

（6）协议阶段：经过交锋和妥协，双方认为达到自己的预期，可以签订协议或合同。

98.招商谈判人员“三具备”

（1）具备过硬的业务知识。

（2）具备准确的语言表达能力。

（3）具备稳定的心理素质。

99.产业产品介绍技巧

从营销学角度来说，产业产品介绍应当遵循“特性→优点→利益”的基本线索进行阐述。从园区的特性卖点开始，对卖点优势之处进行阐释，最后再上升到企业利益的层面上。

结 语

招商引资工作是一个地方经济健康可持续发展的首要手段。一个地方要发展，就必须有良好的经济结构，而好的经济结构又需要第一、二、三产业的融合发展，培育先进的产业，坚定不移地推进传统产业转型升级，努力推进产业结构优化升级，增强经济竞争力和可持续发展能力。招商引资会带来“鲇鱼效应”，通过引进好企业、好项目，形成良性竞争态势，可以加速本地传统企业优胜劣汰，推动企业生态的优化；招商引资也会带来“乘数效应”，通过引进符合地方发展方向的项目对产业链上下游进行整合提升，可以有效推动产业结构升级，促进现代产业体系建设。

我从事招商引资工作15年来，有苦有乐，苦中作乐，招商引资“永远在路上”……

招商征途犹如星辰大海，深邃而广阔，既然选择了远行，已然由不得我们却步。我们只能毅然决然地背上行囊，努力奔跑，用心倾听市场的声音，不放过任何一个信息，不畏惧任何一次闭门羹，不放过任何一个哪怕近乎渺茫的希望，只为南雄那一片红土地上再开出一朵绚丽的花。

在招商征途中，我们将责任扛在肩上，把嘱托装进行囊，不敢放慢追赶的脚步，一直在努力奔跑。每一次洽谈，都是向梦想的靠近；每一次签约，都是汗水的结晶；每一次烟花的绽放，都会让我们热泪盈眶，因为我们看到了未来“商机”的曙光。

招商征途，是一场没有终点的马拉松，我们还在路上，我们还在继续奔跑……

从事招商工作15年后的今天，我想起工作中得到的肯定，它让我们勇敢前行，充满信心和力量。回首走过的路程，我的心里依然有太多太多的感触。

为了招商引资，为了南雄市的发展，我们选择的是不计得失，扑下身子，埋头苦干，全心全意为客商服务。我们追逐的脚步遍布了珠三角，跑客商，寻商机，谈项目，我们用真诚和热情，在南雄这块崛起的红土地上，奏响生命里最华丽的乐章。

慢慢地，休闲娱乐，浪漫假日，已悄悄地从我们的日程里消失了，忘我工作成了我们的主题，无私奉献是我们的胸怀，“白加黑”“五加二”成为我们工作的生动写照。

前行的路上，我们错过了一些美丽的风景；为了实现目标，我们也暂时失去了一些欢乐。但是，我们的汗水终于换来了丰硕的成果。走进园区，看着那一栋栋从荒坡地上拔地而起的厂房，一片片热火朝天的建筑工地，一家家竣工投产的企业，我们感到欣慰和无悔。因为我们招商人用青春和热血，闯出了“南雄思路”，干出了“南雄速度”，体现了“南雄干劲”，打造了“南雄服务”。

然而，成绩代表着过去。得到肯定和赞扬时，我们心中腾起的更多的是不负众望的责任感、不甘人后的上进心、敢为人先的创新意识。因为我们深深地知道，受到表扬、得到肯定，是要求我们以此为新的起点，继续拼搏，奋发图强。任何时候，我们都要保持清醒的头脑，不能因为受到表扬就沾沾自喜，以为可以坐享其成、高枕无忧了。我们的招商工作还处于艰苦探索、爬坡越坎阶段，我们仍然是“追兵”，需付出更多的努力。

看，园区摇曳的盈盈新绿，延续着我们的希望。工业强市的梦想需要我们继续去实现。我们要把雄州最亮丽的一面留给客商，留给世人。我们相信，在不久的将来，在这片美丽的红土地上，还会听到更多人深情地说：“人还是那些人，‘枪’还是那些‘枪’，南雄古城，以不老的雄姿屹立在雄州大地上，历久弥新，再放异彩！”

最后，借本书第一次出版的机会，我要衷心感谢广东经济出版社刘卫平社长的大力支持和刘亚平、李泽琳编辑等的辛勤配合。